당신이
소비자라면

당신이
소비자라면

초판인쇄 2015년 8월 14일
초판발행 2015년 8월 14일

지은이 이종인
펴낸이 채종준
기 획 이아연
편 집 조은아
디자인 조은아
마케팅 황영주 · 한의영

펴낸곳 한국학술정보(주)
주소 경기도 파주시 회동길 230(문발동)
전화 031 908 3181(대표)
팩스 031 908 3189
홈페이지 http://ebook.kstudy.com
E-mail 출판사업부 publish@kstudy.com
등록 제일산-115호 2000. 6. 19

ISBN 978-89-268-6999-4 03320

야무진 소비자라면 알아야 할 시장경제 지침서

당신이
소비자라면

이종인 지음

이담
Books

세행소 이야기

세행소('세상을 바꿀 행복한 소비자'의 줄임말)가 3년 전에 출간되었다. 책의 제목과 디자인, 그리고 컬러를 구상하고 결정한 시기는 18대 대선을 1년 앞둔 2011년 말경으로 기억된다. 모 정당 대통령 후보 캠프에서 '국민행복'을 모토로 내세웠던 시점은 이듬해 6월 즈음이다. 그 정당의 정책공약집이나 대선 홍보물들에서 활용한 표현이 '세상을 바꾸는 약속'이다. 그뿐만 아니다. 뿌리부터 개혁하자며 당명까지 바꾼 후 당의 대표색을 세행소의 표지와 활자의 대표색인 빨강으로 바꾼 시점이 2012년 2월 초순이다. 우연치고는 공교롭다. 너무 앞서갔던 걸까?

"책이 좀 팔립니까?" 출판사에 물었더니 그럭저럭이란다. 독자를 위해 메모해 놓은 몇몇 군데 오·탈자 수정을 부탁했더니, 오히려 개정판이나 증보판을 내보자고 제안해왔다. 그 책의 내용들이 오히려 현시점에 어필됨을 출판사에서도 공감한 모양이다. 이왕이면 증보판보다는 새 책을 내겠다고 출판사에 덜컥 약속해 버렸다.

한 권의 책을 준비하는 과정은 수명 단축이 염려될 정도로 인고(忍苦)의 연속임을 이번에도 체험했다. 하지만 이 책을 읽고 공감할 독자를 생각하면 즐거운 스트레스임이 틀림없기에 탈고된 원고가 한 권의 책으로 독자와 만나게 될 날이 기다려진다.

이 책은 세행소의 원조인 소시바('소비자의 시선으로 시장경제를 바라보다'의 줄임말)의 세 번째 이야기이다. 지난 이태 동안 준비해온 글과 정리해둔 메모, 신문의 칼럼과 잡지에 기고했던 글, 토론 자료들을 참고해 시사적인 화젯거리를 중심으로 집필했다. 소비자의 관점에서 논평을 하고 이해하기 쉽게 사례를 통해 대안을 제시했다. 출판사의 제안에 따라 세행소에 실렸던 글 중 여전히 이슈의 중심에 있는 내용의 일부를 출간 예정인 2015년 7월 말 시점으로 재구성하여 함께 소개했다. 대부분의 글이 우리 사회와 경제생활에서의 소비자문제를 다루고 있으므로 관련 강좌의 교재로도 활용될 수 있을 것이다.

소비자 담론에 이어 건강한 경제, 안락한 주거, 안전한 국가, 공정한 사회 그리고 소비자를 위한 행복한 정책 등 총 6부로 구성해 주제화를 시도했다. 각 부는 3~7개의 에피소드와 1개의 공/감/문/답을 두었다.

40여 편의 이야기들 중 두어 편이라도 독자의 공감을 얻어 그분들의 소비생활에 요긴하게 활용되기를 기대한다. 그래서 일상에서 잠자고 있는 소비자로서의 권리가 일깨워져서 모두가 행복한 사회를 만드는 사회의 주역들이 되었으면 한다.

2015년 6월 20일 단오절 아침에 한강을 굽어보며

이종인

차 / 례

프롤로그: 세행소 이야기 4

1부 대한민국의 소비자로 살다

01 소비자인 당신을 위해 11

02 소비자문제, 경제적 해법으로 풀다 15

03 소비자의 권리와 책임: 바늘과 실 22

공/감/문/답 60~70년대 경제상(象) 둘러보기 28

2부 건강한 경제를 생각하다

01 공익사업과 경제: 캘리포니아 블랙아웃 39

02 보편적 서비스가 사회 후생을 충족시킬 수 있을까? 43

03 기름값과 세금, 서민생계 47

04 문제는 규제야, stupid! 53

05 일반약의 슈퍼판매가 어려운 진짜 이유 58

06 반값 할인, 믿을 수 있을까?: 권장소비자가와 '오픈프라이스' 63

공/감/문/답 대출금리 상한 이대로 좋은가? 68

3부 안락한 주거를 고민하다

01 치솟은 전세중개수수료 79

02 렌트푸어(rent-poor): 전세대란 83

03 역대 부동산정책에서 지혜를 엿보다 91

04 주택정책, 국민 신뢰를 우선으로 99

05 전월세 상한제의 허와 실 102

06 서민을 위한 '주택바우처' 107

07 부동산 거래, 안전을 최우선으로 112

⊙⊙ 공/감/문/답 전세난국의 해법을 찾아서 121

4부 안전한 국가를 논의하다

01 안전을 위한 태도: 원칙최우선주의 131

02 징벌적 손해배상: 포드의 핀토와 맥도날드 커피 136

03 소비자안전을 위한 결함제품의 리콜 143

04 안전사고 적극적 대응과 기업 신뢰도 147

05 과실 여부 판단의 기준: 핸드 판사 공식 150

06 환경오염사고의 새로운 해법 155

⊙⊙ 공/감/문/답 자발적 리콜이 중요한 이유 163

5부 공정한 사회를 바라다

01 플리바게닝과 우리 사회의 정의 173

02 내부고발, 현실적인 대안 178

03 공직인사, 제자리로 183

04 법에 우선된 양심과 윤리 189

🖐️🎤 공/감/문/답 '공정'과 '효율' 간의 선택 195

6부 행복한 정책을 꿈꾸다

01 시위 떠난 화살: 가계부채 205

02 금융소비자 보호를 위해 210

03 소비자정책의 문제점 진단 215

04 국민의 실생활을 위한 행정을 지향해야 221

05 '생활자' 중심의 일본 소비자행정 225

🖐️🎤 공/감/문/답 경쟁정책이 소비자후생에 미치는 효과 229

에필로그: 당신이 소비자라면 238

1/부

대한민국의
소비자로 살다

01
소비자인 당신을 위해

우리는 소비자이다. We are Consumers. 한반도에서 나고 자란 대한민국의 소비자이다. 이 세상을 살아가는 우리는 누구나 세계의 소비자다. 지구 어느 나라에서 만든 무언가를 구입하고 사용하는 소비생활을 해나가기 때문이다.

알뜰하고도 만족스럽게 소비생활을 하고 싶은 욕구는 누구에게나 있을 것이다. 나도 마찬가지다.

이 세상을 살아가면서 우리는 소비의 주체인 소비자가 되어 경제활동의 중심 역할을 한다. 그러면서도 소비자는 늘 '약자'의 존재로 인식되어 왔다. 사실 소비자는 거래에서 약자의 위치에 종종 서게 된다. 그럴 수밖에 없는 이유들도 있다.

무엇보다 각자의 관심과 행태가 너무나 다양해서 통합적인 힘(power)을 갖기 어렵다. 더군다나 관심은 있어도 정보가 부족해서 전문성이 떨어진다. 자본주의 경제체제에서는 생산자는 자본과 조직력, 그리고 정보력을 기반으로 한 기업조직을 통해 특정 시장을 전문화하게 되고, 이들과의 거래관계에 있는 소비자에 비해 우월한 힘을 갖는다. 소비자가 시장에서 약자일 수밖에 없는 배경이다.

독자는 이 말에 얼마나 공감하는가? 과연 소비자는 약자인가? 이 책의 차례에서 소개된 여러 이야기의 제목들만 일별하더라도 "그렇지 않을 수 있다!"는 느낌을 받을 것이다. 생산자가 아닌 소비자가 시장경제의 중심이 될 수 있음을 기대할 것이다.

사실 시장경제에 미치는 소비자의 힘, 다시 말해 이들의 선택은 대단한 영향력을 갖는다. 소비자가 눈길을 주는 상품은 판매가 늘어나지만 선택해주지 않는 기업의 상품은 이른바 비인기 품목이 되어 백화점의 가판대에서조차 사라져버린다. 소비자의 눈 밖에 나면 어떤 상품도 끝장인 것이다.

이를 조금 정리해보면, 소비자와 생산자의 상호관계에서 최종적인 의사결정의 권한은 소비자에게 달려 있다. 다시 말해, 소비자주권(consumers' sovereignty) ✒ 하나에 의존하게 된다. 이 말은 소비자들이 많은 상품들 가운데 마음에 드는 것을 고를 수 있다는 '선택의 자유'가 보장된다는 소극적인 의미를 넘어서, 이들의 자주적인 선택이 시장과 경제 구조를 통해서 궁극적으로 생산자들이 '어떤 상품을 얼마만큼 생산할 것인가'를 결정 ✒ 둘 하도록 하는 데 절대적인 영향을 미치게 된다는 적극적인 의미를 담고 있는 것이다.

그럼에도 불구하고 우리가 소비생활을 하고 있는 시장경제는 여전히 생산자의 힘이 우세하다. 관련된 정책들에서도 소비자의 시선이 홀대받아 섭섭한 경우가 적지 않다. 왜 그런가? 우리 소비자가 그런 상황에 맞닥뜨린다면 어떻게 행동해야 하는가? 정부에는 어떻게 해달라고 요구해야 하는가?

이런 단순한 물음들이 지금까지 『소비자의 시선으로 시장경제를 바라보다』 (2011)와 『세상을 바꿀 행복한 소비자』(2012) 두 권의 소비자 시리즈 책을 냈던 배경이었다. 좀 더 이론적으로 피력하기 위해 『소비자와 글로벌마켓 중심의 시장경제』(2014)란 책을 지인들과 함께 펴내기도 했었다. 그리고 이 책에서의 여러 이야기를 독자들에게 소개하는 이유이기도 하다.

1부에서는 대한민국의 소비자로서 꼭 알아야 할 관점을 독자와 공감하려고 한다. 도대체 소비자문제가 왜 생기는지, 어떻게 해결해야 하는지 그리고 소비자에게 주어진 권리와 책임은 무엇인지에 관해 주로 경제적 관점에서 살펴보려고 한다. 내용이 내용인지라 딱딱하고 지루할 수도 있을 것이다. 하지만 2부부터는 다양한 소비생활 분야의 에피소드를 곁들인 이야기들이어서 독자의 흥미를 불러일으키는 데 부족하지 않을 것이다. 순서에 나와 있는 이야기들 중 구미에 맞는 제목을 골라가면서 읽어보기 바란다. 야무지게 살펴보고 현명하게 판단하는 대한민국의 소비자가 되지 않으면 안 되겠구나 하는 생각이 들게 되기를 바란다.

 하나 ～～～～～～～～～～～～～～～～～～～～～～～～～

소비자주권(consumers' sovereignty)

시장경제에서 상품의 소비자가 궁극적으로 지속적인 생산과 생산행태 및 수량 등을 결정하다는 개념이다. 소비자가 시장에서 어떤 상품을 구매하는 것은 해당 상품에 대해 돈을 지급함으로써 투표(선택)하는 행위라는 의미이다.

이러한 소비자의 투표(선택)행위는 생산자의 이윤에 영향을 미친다. 결과적으로 소비자의 선택의 변화는 대응하는 기업의 생산패턴의 변화로 나타난다. 다시 말해, 소비자가 선택한 상품은 생산이 늘어나고 선택하지 않은 상품은 생산이 줄어드는 효과가 나는 것이다.

둘

기본적 경제문제

자원의 희소성으로 인해 사람들이 직면하게 되는 경제적 선택의 문제, 즉 무엇을 얼마나 생산할 것인가?(what&how much to produce?) 어떻게 생산해야 것인가?(how to produce?) 그리고 누구에게 분배해야 할 것인가?(for whom to produce?)를 가장 기본적인 3대 경제문제라고 한다. '어떤 상품을 얼마만큼 생산할 것인가'는 이러한 기본적 경제문제 중에서도 가장 근본적인 선택의 문제이다.

02
소비자문제,
경제적 해법으로 풀다

우리는 소비생활을 하면서 궁금한 게 적지 않다. 물건을 사서 쓰는 과정에서 왜 불만이 생기거나 피해를 입게 되며, 안전사고와 같은 소비자문제가 발생하는가? 소비자한테는 어떤 권리가 있는가? 또 이러한 권리들이 법이나 제도로 잘 지켜지는가? 그러한 권리가 무시된다고 판단될 경우에는 어떻게 행동해야 되는가?

이처럼 시장경제 체제에서 경제생활을 하면서 소비자들이 기본적으로 알아둬야 할 생활경제 정보들에 관해 독자와 함께하려 한다.

소비자문제를 바라보는 색다른 시각

소비자와 생산자(기업) 간에 상품의 거래과정에서 발생하는 문제가 모두 소비자문제이다. 어떤 기업의 허위 표시나 과장된 광고로 인한 피해, 사기나 기만적인 행위로 인해 생기는 여러 문제, 약속했던 보증(warranty)을 지키지 않는 것과 같은 계약 불이행으로 발생하는 소비자 피해, 또 자동차 급발진 같은 안전이나 기능결함에 의한 위해(hazards) 등이 대표적인 소비자문제들이다.

이러한 소비자문제는 불과 몇 년 전까지만 해도 악덕 기업의 부도덕한 우월적 행위로 인한 약자인 소비자들의 피해 문제 혹은 소외계층을 위한 사회복지 문제 등의 차원에서 바라봤다. 그런데 요즘에는 기업과 대등한 입장에서 소비자의 자율과 책임을 강조하는 이른바 '소비자주권' 관점에서 소비자문제를 이해하려는 경향이 크다.

어쨌거나 소비자문제는 시장경제체제에서 발생되는 바람직하지 않은 여러 문제에서 출발하기 때문에 본질적으로는 경제문제이다.

시장경제체제에서는 경제문제들을 결정하는 주된 요인이 바로 소비자의 선택이다. 앞의 글에서 강조했듯이 소비자가 선호하는 상품은 많이 팔리고, 그렇지 못한 상품은 비인기 종목이 되어 시장에서 퇴출된다. 결국 시장에서 제품생산의 결정권(decision right)이 소비자에게 주어져 있다는 말이다. 다시 말해 소비자주권의 문제이다. 국정의 최종 최고 결정권자가 국민이라는, 이른바 '국민주권'의 의미를 생각해보면 이해하기 쉬울 것이다. 차이점이라고 하면, 국민주권은 1인 1표임에 반해 소비자주권은 소비자의 구매력의 크기에 달려 있다는 점이다.

다시 말해 한 나라 경제의 주인, 주권자는 생산자나 공급자가 아니라 바로 우리 소비자라는 것이다. 이런 사고의 틀 안에서 소비자 피해나 안전과 같은 소비자문제를 그것도 소비자의 시선(視線)으로 바라볼 필요가 있다.

소비자문제가 생기는 경제적 이유

같은 맥락에서, 상품을 소비하는 과정에서 왜 분쟁이나 안전사고 피해와 같은 소비자문제가 생기는지도 경제적으로 이해할 수 있다.

우리가 소비생활을 할 때 스스로를 되돌아보면, 기업에 비해 정보나 전문성도 부족해서 권리행사에 어려움이 많다는 걸 느끼게 된다. 경제학에서는, **현실의 시장기구가 바람직하게 작동하지 않는 이른바 시장실패**(market failure) 👆 **하나를 소비자문제의 주된 원인**으로 본다. 따라서 시장실패를 해결하는 것이 곧 소비자문제의 근본적인 해결책이 된다는 이야기다.

시장이 실패해서 소비자문제를 초래하게 되는 원인에는 여러 가지가 있지만, 대개 네 가지로 구분하여 어렵지 않게 이해할 수 있다.

우선적으로는, 기업과 소비자, 기업과 정부 등이 서로 거래할 때 갖고 있던 정보가 서로 다르거나 혹은 정보가 부족하거나 왜곡될 때 시장의 실패가 나타난다. 예를 들면, 자동차의 안전성에 관한 정보가 제조회사보다 부족한 소비자는 사고발생 가능성을 합리적으로 판단하기 어려워진다.

이런 시장실패의 관점에서 소비자문제를 살펴보면, 공해와 같은 외부효과(external effects) 👆 **둘**도 소비자문제를 일으키는 주된 원인이다. 예를 들면, 섬유제조공장에서 방출되는 매연이나 폐수는 공기와 하천을 오염시켜 그 섬유를 소비하지 않는 이웃 주민들에게도 손해를 끼친다. 하지만 정부의 개입이 없는 시장에서는 그러한 문제를 야기한 당사자인 섬유공장이 그 비용을 부담하지 않으려 한다.

또, 다른 사람들이 생산한 소비자 정보를 공짜로 소비하려는 무임승차자(free rider) 심리에 의해서도 시장실패가 발생한다. 이 경우 대상이 되는 상품은 대부분 이른바 비경합성과 비배제성의 특성을 갖는 공공재(public goods) 👆 **셋**이다. 아무리 훌륭한 정보라도 이러한 공짜족들이 많으면 많을수록 회사로서는 손해이기 때문에 좋은 정보를 소비자한테 제공하지 않으려고 한다. 결국 시장이 실패하게 되고 또 소비자문제도 야기된다.

독점이나 과점과 같이 시장이 경쟁적이지 못한 경우도 시장의 실패를 초래하는 주된 원인이다. 독과점시장에서 소비자는 상품의 가격이나 품질뿐 아니라 소비의 기회마저도 불리한 상황에 놓이게 된다.

이리한 네 가지 원인 외에도 소비자문제를 초래하는 여러 시장의 실패 상황들이 있을 수 있다. 갑작스레 물가가 뛰거나 실업이 늘어나는 경우, 국제정세가 불안해지거나 (환율급증 등의 이유로) 수출길이 막히는 경우에도 시장의 기능이 제대로 움직여지지 않을 것이다.

정보비대칭이 소비자문제의 근본 원인

이른바 시장실패를 초래하는 이러한 배경들 중에서 무엇보다 핵심은 '정보(information)'에 있다. 위험이나 불확실성을 초래할 수 있는 잘못된 정보나 정보부족 문제가 소비자문제의 근본 원인이라는 말이다. 이를 '정보비대칭' 내지 '비대칭성 정보'의 문제라고 한다.

이러한 소비자 정보의 비대칭성의 주된 요인은 현대 산업사회의 특징인 '고도의 분업'과 '전문화'에서 찾을 수 있다. 시장이 복잡하고 전문화되어 감에 따라 소비자들은 시장에 공급된 정보를 소화하는 데 물적, 시간적 제약과 분석 능력의 한계에 직면하게 된다. 기업에 비해 소비자가 상품의 품질정보, 가격정보 등이 부족하거나 잘못되어 있으면 소비자의 올바른 판단을 기대하기가 어렵다.

현대는 정보의 홍수시대이다. 스마트폰 하나면 누구나 고급 정보까지 손쉽게 얻을 수 있다. 구매하려는 상품의 품질과 가격뿐 아니라 구매자 만족도나 불만

사항도 미리 알 수 있어서 선택에 도움이 된다. 소비자들은 분명 예전보다 훨씬 많은 상품 정보들을 갖게 되었다. 그런데도 소비자 피해나 문제들이 줄어들지 않는 이유는 무엇일까?

설사 올바른 정보를 많이 갖고 있더라도, 현실적으로 사람들은 합리적인 판단을 하지 못하는 게 사실이다. 예컨대 유행이나 개인의 취향, 습관에 따라 소비를 함에 따라 유행추구 풍조, 구성원(준거집단) 넷 에 의한 영향, 신분 유지와 상승을 위한 체면을 중요시하는 합당치 못한 소비행태 등을 들 수 있다. 특히 사고와 같은 안전에 관련된 문제는 그 위험을 어느 정도 인지하고 있을지라도, "설마 나한테 그런 일이 일어날까" 하는 심리가 있어서 덜 조심하는 경향도 없지 않다.

또 정보가 넘치더라도 소비자의 나이나 학력, 지각력 등에 따라 이해력이나 자기보호 능력이 다르기 때문에 소비자문제가 야기되는 경우도 종종 있다. 예를 들어, 접착제로 쓰이는 본드를 흡입하게 되면 우리 몸의 신경조직에 악영향을 미쳐 환각을 일으킨다는 정보가 오히려 청소년들의 호기심을 자극시킨다는 조사결과도 있다.

문제의 해법

이와 같이 여러 소비자문제들이 시장경제에서의 시장실패로 인해 발생되고 있다. 따라서 그 해법도 경제적인 측면에서 찾는 것이 바람직하다.

앞서 말한 소비자의 정보부족 문제, 공해와 같은 외부효과, 무임승차자 문제를 야기하는 공공재 문제, 그리고 독과점의 폐단 등으로 인해서 시장경제가 제 기능을 하지 못할 때, 다시 말해 효율적인 자원배분의 기능을 제대로 하지 못한다면, 정부가 적절하게 규제하거나 올바른 정보를 제공해서 소비자문제를 해소할 수 있다. 소비자에게 발생된 피해를 구제해주거나 위험을 제거해주는 것만이 궁극적인 소비자문제의 해결은 아닌 것이다.

또, 그런 시장실패를 보완하기 위해 법과 제도를 효과적으로 운용해서 앞에서 강조한 소비자의 권리-소비자주권-를 확보토록 해야 한다. 예를 들어, 사업자의 사기행위나 불법행위에 대해서는 법에 따라 확실하게 처벌하고, 소비자에게 피해가 발생될 경우에는 신속하고 저렴하게 구제받을 수 있는 제도를 운용해야 한다. 집단소송제와 같은 소비자의 집단적 의사를 반영할 수 있는 채널을 제도화해야 한다.

덧붙여, 시장경쟁을 방해하는 기업들의 담합이나 '갑질(우월적 지위의 남용)'과 같은 부당하고 불공정한 거래행위를 하지 못하게 해야 한다. 그렇게 함으로써 시장의 실패를 줄일 수 있고 결과적으로 소비자문제도 해결될 수 있는 것이다.

 하나 ～～～～～～～～～～～～～～～～～～～～～～～～～～～

시장실패(market failure)

말 그대로 시장경제에서의 여러 메커니즘이 그 기능을 제대로 발휘하지 못하여 노동, 자본, 토지와 같은 생산요소와 생산물과 같은 자원이 적재적소에 효율적으로 배분되지 못하는 상태를 말한다.

참고로 이 말을 처음으로 사용한 경제학자는 하버드대 케네디 행정대학원 명예교수인 바토(Francis Bator) 교수이다. 그는 불확실성과 정보의 불완전성 문제를 제쳐놓고 전통적인 경제분석의 틀 내에서 살펴보아도 불완전경쟁, 공공재, 외부효과 등이 시장실패를 초래하는 요인임을 지적했다.

이러한 시장실패에 관한 이론을 정립한 공헌으로 바토 교수는 2001년 저명한 경제학자인 스티글리츠(Joseph Stiglitz) 교수와 함께 공동으로 노벨경제학상을 받았다.

둘

외부효과(external effects)

생산이나 소비와 같은 경제활동에서 다른 사람에게 의도치 않은 혜택을 주거나 손해를 끼쳤음에도 그에 대한 대가나 비용을 치르지 않는 상태를 경제학 교과서에서는 외부효과 내지 외부성(externality)이 발생했다고 말한다.

소비자문제와 같이, 외부효과로 인해 발생하는 제반 문제점을 치유하는 방편들을 전문용어로는 '외부효과를 내부화한다(internalizing of externalities)'라고 표현한다.

 셋

공공재(public goods)

사유재(private goods)에 대립되는 개념으로서, 모든 사람이 공동으로 이용할 수 있는 상품이나 서비스를 말한다.

공공재는 대개 제값을 치르지 않고서도 소비 혜택에서 배제할 수 없는 특성, 다시 말해 비배제성(non-excludability)의 특징을 가질 뿐 아니라, 내가 소비했다고 해서 다른 사람이 소비에 지장을 받지 않는다는, 이른바 비경합성(non-rivalry)의 특징을 동시에 갖는다.

 넷

준거집단(準據集團)

어떤 개인 스스로가 구성원인지 아닌지를 확인하고, 또 그러한 구성원에 관련된 규범을 따르게 되는 집단을 준거집단이라고 한다.

우리가 어떤 사람들이나 집단의 가치와 기준을 하나의 준거의 틀로서 받아들일 때, 그 사람들이나 집단은 우리에게 준거집단이 되는 것이다. 사회집단이나 학교집단, 노동자집단, 또래집단 등이 대표적인 예이다.

03

소비자의 권리와 책임:
바늘과 실

경제적 관점에서 시장실패의 문제를 해결하는 것이 소비자문제의 해법임을 앞의 글에서 강조했다. 하지만 소비자문제는 자신에게 주어진 권리의 자력행사가 어렵거나 불가능함에서 비롯되는 것으로 이해할 수도 있다. 전형적인 법과 사회적 관점이다.

'경제'도 어려운데 딱딱한 '법' 문제까지 알아야 하나……. 독자의 불편한 심기가 눈에 보이듯 선하다. 하지만 염려하지 않아도 된다. 소비자의 권리와 책임 문제만 간단히 지적하려 한다. 이 책의 여러 이야기를 읽는 데 필수적인 지식, 가장 기본적인 사항이다.

경제적 관점이든 법적 관점이든, 소비자문제의 해결은 결국 소비자들이 스스로의 권리(주권)를 행사할 수 있는 여건 조성이 중요하다. 소비자에게는 과연 어떤 권리가 주어져 있는지 살펴본 후에 이 문제를 이야기해보겠다.

소비자의 권리

소비자의 권리에 대한 최초의 정치적인 견해로는 1960년대 초 미국의 케네디(John F. Kennedy) 대통령이 연방의회에서 제시한 소비자의 4대 권리에 잘 나타나 있다. 안전할 권리, 알 권리, 선택할 권리, 의사를 반영시킬 권리가 바로 소비자의 기본적인 권리다.

1975년에는 경제협력개발기구(OECD)에서도 이와 비슷한 5대 소비자권리를 선언했고, 1980년에는 세계 소비자 단체들의 협의기구인 '국제소비자기구(CI)' 하나에서도 소비자의 7대 권리를 선언했던 적이 있다. 이처럼 소비자의 기본적 권리는 세계 각국의 소비자 운동과 행정, 정책의 목표로 이용되고 있다.

우리나라는 소비자기본법 제4조에 "소비자는 다음 각 호의 기본적 권리를 가진다"로 규정함으로써 소비자의 8대 기본적 권리 향유를 당연시하고 있다. 즉, 케네디 대통령의 4대 권리에다가, 보상받을 권리, 교육받을 권리, 단체를 조직하고 활동할 권리, 안전하고 쾌적한 환경에서 소비할 권리를 추가한 8대 권리를 보장하고 있다.

그런데 현실적으로 이러한 권리들이 모두 법이나 제도로 확실하게 보장받고 있을까?

사실, 소비자기본법에서 규정한 소비자권리는 그것이 침해당했을 때 가해자에 대한 구체적인 처벌 조항이 뒷받침되어 있지 않아서 선언적인 측면도 있어 보인다. 하지만 이 소비자의 8대 권리는 소비자기본법이 아닌 다른 여러 법에 의해 보장이 되고 있다고 보는 것이 타당하다. 예를 들어, 약관규제법, 독점규제법, 할부거래법, 방문판매법, 제조물책임법 등에서 이러한 소비자의 권리가 보호받고 있는 것이다.

그 밖에도 소비자안전을 위한 법으로 식품안전법, 전기용품 안전관리법, 농산물검사법, 수산물검사법, 축산물위생처리법, 고압가스 안전관리법 등이 있고, 소비자에게 상품의 양이나 규격을 속이는 것을 막기 위해 계량 및 측정에 관한 법률, 표시광고법, 산업표준화법 등이 있다.

또 소비자기본법을 근거로 한 '소비자분쟁해결기준'⬛️톨 도 소비자의 권리를 보호해주는 실질적인 역할을 하며, 2007년에 도입된 집단분쟁조정제도와 단체소송제도 역시 '보상받을 권리'와 '단체를 조직하고 활동할 권리'를 뒷받침해주는 중요한 제도이다.

소비자권리 행사는 소비자 책임의식과 함께

그런데 법에서 보장된 이러한 소비자권리가 잘 지켜지지 않는다고 판단될 경우에는 어떻게 해야 할까?

합리적으로 판단하여 적절히 '행동'해야 한다. 예를 들어, 소비과정에서 부당한 피해를 입었을 경우에는 8대 기본권 중의 하나인 '보상받을 권리'를 행사해야 한다. 자신의 권익을 스스로 지키려 해야 하는 것이다.

우선적으로 판매자 내지 제조사와 합의를 통해서 문제를 해결하는 것이 시간과 노력을 줄일 수 있는 바람직한 방법이다. 하지만 현실적으로 판매자와 소비자는 이해관계가 상충하기 때문에 원만한 합의에 이르지 못하는 경우가 많다. 이런 경우에는 소비자기본법에 따라 각 지자체에 설치되어 있는 소비자상담실을 이용하거나 신뢰할 수 있는 시민단체, 정부기관인 한국소비자원에 상담과 피해의 구제, 분쟁의 조정을 신청하면 된다.

그래도 해결이 안 된다면 최종적으로는 민·형사 소송을 통해서 손해를 배상받거나 범법행위에 대한 처벌을 요구할 수 있다.

그런데 권리를 누리기 위해서 잊지 말아야 할 것이 있다. 소비생활에서의 책임이 뒤따른다는 것이다.

'법에 대한 무지는 용서받지 못한다'라는 법언(法言)이 있다. 소비자도 자신의 의사결정이나 선택에는 책임을 져야 한다. 소비자기본법 제4조를 보면 소비자는 "스스로의 안전과 권익을 향상시키기 위하여 필요한 지식을 습득해야 하고, 자주적이고 성실한 행동과 환경 친화적인 소비생활을 함으로써 소비생활의 향상과 합리화에 적극적인 역할을 다하여야 한다."

다시 말해, 기업이나 판매자의 책임뿐 아니라 소비자도 상품 구입에 있어 가격과 품질 등을 고려해서 신중한 선택을 해야 하는 것이다. 무분별한 충동구매나 과시적 소비로 인한 재산상의 손해는 스스로의 책임이다. 상품을 구입한 후에도 상품설명서를 꼼꼼히 읽고 지침대로 사용하는 습관을 가져야 한다.

소비생활을 하다 보면 법이나 제도를 잘 몰라 뜻하지 않게 피해를 입거나, 판매자의 사기와 같은 범죄행위로 인해 곤란을 겪는 경우가 생긴다. 늘어나는 보이스피싱이나 스미싱으로 인한 금전적 손실이나 빈번한 온라인 중고장터 사기피해가 대표적이다. 이러한 상황에 처했을 때에는 우선 가해자가 누구인지, 피해에 대해 보상받을 권리가 있는지, 덧붙여서 누구의 책임인지 자신의 책임은 잊지 않았는지도 꼼꼼히 따져봐야 한다. 그런 후에 앞에서 설명한 권리행사를 위한 절차들에 따라 문제를 자주적으로 해결해야 하겠다.

우리 스스로가 **법에서 정한 소비자권리를 충분히 누리고 또 책임도 다하는 야무지고 현명한 소비자**가 된다면 대한민국의 소비자문제는 대부분 해결될 것이다. 물론 경제적으로 시장실패의 문제를 개선하고, 법과 사회적으로는 소비자권리의 자력구제 여건이 조성되어야 한다. 이 점은 사회적 책임을 다하는 기업과 정책 결정자로서의 정부의 몫이다.

하나

국제소비자기구(CI)

미국과 영국 등 선진국의 소비자단체들이 중심이 되어 1960년 4월에 설립한 소비자
보호를 위한 민간 중심의 국제단체이며, 영문 명칭인 'Consumers International'의 줄임
인 'CI'로 나타내기도 한다. 국제소비자기구는 1995년에 국제소비자연맹(IOCU: Internation-
al Organization of Consumers Unions)에서 개칭하였고, 영국 런던에 본부가 있으며, 유럽, 아
시아, 남미, 북미, 아프리카 등 5개 지역사무소가 있다. CI는 3년마다 총회(World Congress)
를 개최해 다양한 소비자문제 해결을 위한 분야별 토의를 하고 있으며, 조직 내 이사회와
집행위원회를 운영하고 있다.

현재 122국가의 270여 개 단체가 가입되어 있다. 우리나라는 5개 소비자단체가 가입
해 있다. [『국제기구의 소비자정책 이슈분석 및 대응방안 연구』(2004) 및 CI의 홈페이지 참고]

둘

소비자분쟁해결기준

소비자 피해가 생겼을 때 소비자는 가해 사업자(기업)를 상대로 다툼을 하게 되는데, 소
비자와 사업자 사이에 발생하는 분쟁을 원활하게 해결하기 위해 소비자기본법에 따라 정
부에서 정해놓은 기준을 말한다. 이 기준은 분쟁 당사자 사이에 분쟁해결을 위한 합의 내
지 권고의 기준으로 활용되며, 이전에는 '소비자피해보상규정'으로 불렸었다. 2014년 3월
현재 142개 업종 620개 품목에 대해 품목별로 피해보상의 기준을 제시하고 있다.

셋

보이스피싱(voice phishing)

보이스피싱의 우리말은 '전화사기(電話詐欺)'이다. 범행 대상자에게 전화를 걸어 마치 가
족이 납치당한 것처럼 가장하거나, 우체국 등을 사칭해 송금을 유도하고 개인정보와 금융
정보를 캐가려고 시도한다. 보이스피싱은 분명한 범죄행위이지만, 전화사기단의 경우 대

부분 해외 콜센터를 두고 있고 송금과 대포통장 개설 등 각각의 역할이 점조직으로 분담되어 적발이 어렵다. 그러므로 보이스피싱 피해를 입지 않으려면 조심하는 것이 상책이다.

보이스피싱에서 피싱(phishing)은 'fishing(낚시)'이라는 말에서 파생된 것으로 타인의 개인정보를 낚는다는 의미이다. 경우에 따라서는 해당 정보를 이용해 사기를 친다는 의미로 쓰이기도 한다.

보이스피싱과 유사한 말로 스미싱(smishing)이 있다. 스미싱은 SMS(문자메시지)와 피싱(phishing)의 합성어로, 문자메시지피싱이라고도 한다. 최근 들어 스마트폰 이용자들이 늘어남에 따라 문자메시지를 통해 연결된 링크로 휴대폰 내의 개인정보를 빼가는 스미싱 수법과 이로 인한 소비자 피해가 늘고 있으니 주의해야 한다.

60~70년대 경제상(象) 둘러보기

유엔원조 밀가루와 분유를 타기 위해 코흘리개 학생들이 줄을 서던 60년대 중반 초등학교 운동장, 호롱불을 대신한 전깃불에 환호했던 60년대 말 꼬마 친구들, 초가지붕을 걷어내고 덮은 슬레이트 지붕에 빨강, 파랑 페인트를 칠하던 70년대 초의 동네 사람들, 장맛비에 연례행사로 떠내려가는 나무와 흙으로 만든 다리 대신 시멘트다리를 완성하고 잔치를 벌였던 70년대 중반 어느 날……

1962년생인 나는 해방과 동란을 겪은 부모, 형님 세대의 생사를 가르는 고난의 행군을 직접 겪지는 않았다. 하지만 청소년기 60~70년대의 생활상은 오래된 사진첩 속의 회색빛 사진들마냥 여전히 기억의 편린 속에 생생하게 남아 있다.

 우리나라가 일제강점기에 뒤이은 6·25 동란이라는 민족적 비극을 겪은 지

65년이 지났다. 짧은 기간에 고도성장을 이룬 비결은 무엇이라 생각하나?

🎙 그동안 정치·사회적 발전뿐만 아니라 세계에서 유례없는 경제성장을 이루었다. 그것도 좌우의 이념대립과 북한과의 적대적 관계 속에서 말이다. 1997년 말에 시작된 IMF 경제위기 등 수차례의 내우외환을 겪으면서 국가와 국민경제가 큰 시련을 겪기도 했지만 최단기간에 정치적 민주주의와 경제적 고도성장을 함께 이룩한, 세계의 많은 개발도상국들이 닮고자 하는 발전 모델이 된 것이다.

이러한 성과는 하루아침에 달성된 것이 아니며, 어느 한 사람 지도자의 역량 때문이 아니다. 전 국민의 근면성실과 각계각층의 부단한 노력의 결과라고 단언할 수 있다. 해방 후 지금까지의 길지 않은 역사가 모든 것을 말해주고 있다.

❓ 하지만 특히 최근에 들어와 우리의 이러한 발전상을 부정적으로 보는 시각이 적지 않다. 특히 60~70년대의 경제적 성과에 대해 정치적 문제와 연계시켜 극단적으로 폄하하는 주장이 일부 언론과 인터넷 공간 등을 통해 빈번히 제기되고 있다. 더욱 우려되는 부분은 그러한 정보들의 상당 부분이 마치 허구임에도 역사적 진실인 양 호도되고 있다는 점이다. 동시대를 경험하지 못한 사람들이 이를 맹목적으로 받아들이지 않을지 걱정된다.

🎙 지금까지의 정부 정책들에는 그 공과에 대해 바라보는 시각에 차이가 있을 수밖에 없다. 아무리 좋은 정책이라도 그로 인해 혜택을 보는 부류와 좌절감을 겪는 그룹이 생기게 된다. 더욱이 정책의 옳고 그름에 대한 판단 역시 일관된 경우가 많지 않은 것이 현실이다. 60~70년대의 경제정책

에 대한 시각도 어느 한쪽에서만 바라봐서는 '역사적 진실'과는 거리가 멀어질 것이다. 보다 객관적인 판단을 위해서는 지난 시절의 기록들을 들춰볼 필요가 있지 않을까? 우리 세대의 청소년기를 떠올려보면서 과거로의 여행을 독자와 함께 떠나볼 필요가 있겠다.

6·25 동란 직후의 경제상

몇 해 전, 한국갤럽과 한 메이저 신문사에서 건국 이래 우리 민족의 가장 큰 업적이 무엇인지 국민들에게 물어보았다. 조사결과 새마을운동이 압도적(40.8%)으로 나왔다. 88년도 서울올림픽 개최가 두 번째였고(30.1%), 경제개발 5개년 계획과 중화학공업 육성이 그다음이었으며(29.9%), 4위가 경부고속도로 건설(18.8%)이었다. 민족의 최대 업적 4개 중 꼽힌 3개가 60~70년대의 일이었다.

🗨 이 시대를 겪지 않은 40대 이하 세대들을 포함한 조사임에도 그러한 결과임에 다소 놀랍다.

🎙 사실, 6·25 동란 직후 우리나라 1인당 국민소득이 68달러였다. 지금 환율로 보더라도 연간 7만 원 꼴인 그야말로 세계 최빈국이었다. 하지만 지금은 수출규모가 세계 10위, 경제규모 15위, 1인당 국민소득 34위 등 세계 10위권의 경제대국으로 성장했다. 그 배경을 보면 집권 18년간 연평균 18%의 경제성장, 38%의 수출증가율을 가져온 박정희 정부의 "경제성장 정책"이 중심에 있었음을 부인하기 어렵다.

🗨 가능하다면, 몇몇 지표를 통해 50년대 우리의 경제상을 들춰봤으면 한다.

🎙 해방 이후 남북분단은 농업과 경공업 위주의 남한과 중화학공업 위주의 북한이라는 대조적 경제구조를 초래했다. 6 · 25 동란 직후인 1953년 남한의 1인당 국민소득은 140달러였던 북한의 절반에도 못 미쳤고, 생산활동의 위축과 연 40% 이상의 극심한 인플레이션이 만연되어 있었다. 더욱이 좌우 이념대립의 정치적 불안과 높은 인구증가율, 고실업률과 낮은 저축률 아래 미국의 경제원조에 겨우 연명하던 세계에서 가장 가난한 나라였다.

저곡가 · 저금리 · 저환율 정책과 농지개혁이 단행된 1954년 이후부터는 연평균 4% 수준의 성장을 하기도 했지만, 정치 · 사회적 불안으로 인해 1960년에는 표에서 보듯이 1%대로 급락했다.

연도	1953	1954	1955	1956	1957	1958	1959	1960
경제성장률 (실질 GDP, %)	0.0	5.6	4.5	−1.3	7.6	5.5	3.9	1.2

❓ 여러 자료를 살펴보면, 60년대 초 우리나라는 '전쟁의 파괴로부터 복구되어 가는 빈곤한 농업사회'로 기록되어 있다.

🎙 당시 최대의 사회적 요구는 무상원조로부터 독립된 '자립 경제'이고, 극심한 '가난으로부터의 탈출'이었다.

그러한 배경 아래에 입각한 군사정부의 슬로건은 '경제성장 제일주의'일 수밖에 없었고, 이를 위해 헌법 개정을 통해 자유경제체제를 기반으로 하되 강력한 정부 주도의 경제성장을 위해 제한적인 정부 개입의 여지를 열어둔 것이다.

경제지표로 보는 60~70년대

🗨 그럼 이제 60년대 이후에 관해서 좀 더 살펴보자. 살짝 딱딱하긴 하겠지만 명확한 이해를 위해 경제지표 자료들을 통해 확인했으면 한다.

🎤 국민소득은 60년대 초 80달러 수준에서 70년대 말에는 1,600달러로 20배나 증가했다. 같은 기간 절대빈곤율도 80%(1960)에서 10%(1980)로 낮아져 국민 대다수가 절대빈곤에서 탈출하게 된다.

실업률은 23%(1961)에서 3.8%(1979)로 크게 낮아졌고, 물가도 42%(1961)에서 16%(18년간 평균) 수준으로 눈에 띄게 좋아졌다.

연도	GNP (100만 $)	국민소득 (1인당, $)	경제성장률(%)	
			실질 GNP	실질 GDP
1961	2,103	79	5.6	–
1966	3,671	125	12.7	–
1971	9,145	278	9.4	10.4
1976	27,423	765	15.1	13.5
1978	47,350	1,279	11.6	10.3
1979	60,066	1,676	6.4	8.4
1980	58,384	1,508	−5.7	−1.9

🗨 우리나라 60~70년대의 경제상을 다른 나라들과 비교해보면 좀 더 이해가 빠를 것이다.

🎤 당시 경제성장정책의 주된 얼개였던 '경제개발 5개년 계획'의 추진에 힘입어, 60년대 말 대만의 60%에 불과하던 1인당 국민소득(한국은 210달러였고, 대만은 345달러였다)이 70년대 말에는 85% 수준으로 추격(한국 1,636달러, 대만 1,920달러)했다. 아

시아 최빈국에서 대만과 홍콩, 싱가포르와 같은, 이른바 아시아 3용에 버금가는 높은 성장을 하게 된 것이다.

기간	경제성장률(단위: %, 자료: IMF, 각국 통계)						
	한국	일본	중국	대만	홍콩	싱가포르	필리핀
1960~1969	7.6	10.5	–	9.1	8.7	8.7	3.0
1970~1979	9.3	5.1	9.6	10.2	8.9	9.4	7.7

경제학 전공자도 데이터나 수식이 많은 글은 피하고 싶어 하는데 일반 독자라면 오죽할까. 그래도 마음먹고 시작했으니 몇몇 지표를 더 소개해달라.

예나 지금이나 우리나라 경제성장의 주춧돌은 무역이다. 60~70년대 우리나라 총 수출은 638억 달러로 연평균 38%의 높은 증가율을 보였다. 1961년의 4천만 달러에서 1979년에는 150억 달러로 크게 증가했다. 물론 같은 기간 동안 전체 수입도 871억 달러나 되어 큰 무역적자를 보였지만, 무역이 우리 경제의 성장을 확실하게 이끌어온 것임을 알 수 있다.

당시의 수출품을 보자면, 60년대 초에는 미국회사들의 전자부품이나 완구부품을 단순 조립한다든지, 일본회사의 니트웨어나 바느질, 단추 달기와 같은 소규모 위탁 작업이 전부였다. 하지만 60년대 중반부터 가발과 신발, 의류와 같은 노동집약적인 경공업 제품을 수출하게 되었고, 70년대에 들어와서는 자동차와 건설, 철강, 조선, 석유화학과 같은 자본집약적이고 기술집약적인 중화학공업 제품의 수출이 본격적으로 시작되었다.

역사적 사실들, 균형적인 평가

🗨 우리나라가 지금의 세계 10위권의 경제대국으로 성장할 수 있었던 것은, 이러한 60~70년대의 높은 경제성장과 수출 증대를 가져온 당시 정부의 '성장 제일주의 경제'정책이 그 바탕이라는 얘기인데……, 다른 측면이나 시각에서 그 배경을 더 찾아볼 수는 없을까?

🎤 제주도를 여행하는 사람들에게 인기 높은 관람코스 중 하나가 '선녀와 나무꾼'이다. 60~80년대의 생활상을 한곳에 전시해놓은 추억의 테마공원인데, 그 시절 청소년기를 보낸 저자 세대에게는 더욱 그렇다.

그곳에서 특히 인상적인 것 가운데 하나는 60년대 초의 문맹퇴치운동과 국민교육헌장에 관한 전시자료들이었다. 중학교 입학시험을 준비하는 모습을 빚은 모조인형들과 대입 예비고사장에 들어가는 흑백사진도 옛 추억을 떠올리기에 충분했다.

60년대 초에는 전 국민 의무교육이 시행되었고 1969년에는 중학교 무시험과 고교평준화 정책이 단행되었는데, 이로 인해 당시의 치열한 입시경쟁과 학교서열화 등 학벌사회의 모순 문제가 상당 부분 완화되고 교육 여건도 많이 개선되었다.

구분	경제규모 (GDP, 백만 $)	수출 (백만 $)	수입 (백만 $)	국민소득 (1인당, $)
세계 랭킹	15위	10위	13위	34위
금액	1,163,532	277,600	214,200	22,778
출처, 기준 연도	IMF, 2012	WTO, 2011		IMF, 2011

🎙️ 정치적 계절을 맞이하여 일각에서는 60~70년대를 군사적 정변을 통해 들어선 독재 정부가 반민주적으로 통치한 시기로 규정할 뿐 아니라, 당시의 경제정책과 그 성과까지 지나치게 폄하하고 있다.

🎤 앞서 살펴보았듯이 당시 상황은 국민 대다수가 절대적 빈곤에 놓여 있었을 뿐 아니라, 극도의 정치적 불안정 상태였다. 그러한 여건에서 정부의 대외 개방, 기아 탈출, 자주국방, 중화학공업 육성 정책의 성공적인 추진은 우리 경제의 고도성장의 밑거름이 되었음을 굳이 외면할 필요가 있을까? 물론, 다른 역사적 사실들과 마찬가지로 당시의 정부도 이러한 성과뿐만 아니라 정책의 판단과 추진에서 적지 않은 잘못과 실패가 있었던 것이 사실이다.

불합리한 정경유착 구조와 관료주의, 지나친 불균형 성장정책으로 인한 지역·계층 간의 불균등, 노동억압, 경제력 집중의 심화와 재벌문제 등 다양한 경제적 측면에서의 문제들이 여전히 남아 있다. 물론, 경제를 제외한 다른 측면에서의 여러 시각과 비판에 관해서는 논외로 한다.

🎙️ 이러한 공과(功過)의 상존은 어느 정부나 마찬가지가 아닐까? 예컨대 IMF 외환위기를 안고 갔던 밀레니엄(김대중) 정부가 부단한 노력으로 경제위기를 극복한 측면이 있는 반면에, 남북화해를 명분으로 한 막대한 대북 현금제공의 '햇볕정책'은 부정적인 측면으로 부각되기도 했다.

🎤 맞다. 그 뒤를 이었던 노무현 정부의 경우 고질적인 정격유착의 관행을 줄인 공이 있다면 부동산정책의 혼선으로 커다란 부동산버블을 가져온 원인으로 비판받기도 했다. 60~70년대 정부에 대한 평가도 타 시대와 마찬

가지로 공(功)과 과(過)를 함께 '균형 있게' 바라봐야 할 것이다.

궁극적으로는, 우리나라 역대 정부의 제반 정책들, 특히 60~70년대 경제발전을 위한 정부정책의 공과를 현시대에 맞게 승화할 필요가 있다고 본다. 특히 구시대적 정경유착과 대기업의 경쟁저해 행위와 불공정한 행위들, 그리고 여전히 잔존하는 "관료주의와 권위주의를 가시적으로 청산해야 한다"라는 시대적 요구를 간과해서는 안 될 것이다.

ㆍ

해외 체류 시절과 출장에서 만난 외국인들이 물어오는 공통된 질문 중의 하나는 '한강의 기적'의 배경에 관한 것이었다. 동란의 아픔을 딛고 반세기 만에 세계의 경제대국으로 성장할 수 있었던 숨겨진 스토리를 궁금해했다. 그럴 때마다 약방의 감초처럼 해준 답변이 이 글에서 소개한 내용이다.

이 주제에 관해 독자들이 종합적이고도 쉽게 이해할 수 있도록 대담형식을 빌려 집필해보았다. 여기에는 내가 일하던 여의도연구소(여의도연구원의 옛 이름)에서 18대 대선을 앞두고 박근혜 대통령 후보를 지원할 전략 중의 하나로 검토했던 나의 원고를 부분적으로 활용했다. 비슷한 내용을 '동행'이라는 국회전문지에 기고하기도 했다. 운전하면서 라디오를 듣는 기분으로 '우리나라 60~70년대의 경제상'을 음미해볼 수도 있을 것이다.

2/부

건강한 경제를 생각하다

01
공익사업과 경제:
캘리포니아 블랙아웃

더위가 맹위를 떨치면서 2011년 9월과 2013년 여름의 대규모 정전(停電) 사태가 생각난다. 전기가 부족해 모든 전력 시스템이 일시 정지되는, 이른바 블랙아웃(black out)이 여러 지역에서 발생해 국민이 큰 불편을 겪었다. 당시에는 블랙아웃의 모든 책임이 원전가동 중단을 불러온 원전비리와 싼 전기요금에 기인한 국민의 전력낭비에 있는 것으로 비춰졌었다. 과연 그럴까?

미국의 캘리포니아 주에서는 지난 2000년부터 2001년까지 전력부족이 주 전체를 지배했던 가혹한 시기였다.

공교롭게도 나는 당시 샌프란시스코 인근의 캘리포니아 버클리 대학에서 장기연수 중이었다. 다섯 가족이 머물던 집에서도 며칠씩 전원이 끊기는 바람에 냉장고와 세탁기가 제 기능을 하지 못해 곤란을 겪었다. 예고 없이 전원이 나갔던 초기에 비해 나중에는 동네마다 순차적으로 전원을 끊는, 이른바 강제 순환정전(rolling black out)을 예고해줘서 큰 낭패는 면할 수 있었다.

초강대국 미국에서 특히 세계 5~6위권의 경제력을 갖고 있었던 캘리포니아 주에서 경험한 이러한 '원시적' 현상에 놀라움과 황당함을 금치 못했었다. 당시의 주된 요인은—비록 수많은 학자와 정책담당자들 그리고 시민대표들의 논의와 분석, 연구 결과가 서로 달랐지만— 특히 남부 캘리포니아 지역을 중심으로 한 천연가스 가격폭등 때문이었다. 그런데 이상한 것은, 캘리포니아 주의 천연가스 가격이 그 주요 공급처인 텍사스 주보다 훨씬 비쌌다는 점이다.

천연가스는 주들을 연결하는 송유관(파이프라인)에 의해 운송되는데, 남부 캘리포니아 송유관을 독점했던 엘파소사가 가스가격을 높이려고 캘리포니아에서 영업 중인 민간 자회사와 공모를 했다고 한다. 송유관은 독점화되는 경향이 있어서 대부분 정부의 엄격한 가격 규제를 받는다. 따라서 송유관 회사가 천연가스 운송비로 받을 수 있는 금액은 정해져 있다.

하지만 엘파소사는 송유관을 운영할 뿐 아니라 캘리포니아에서 규제받지 않으며 천연가스 판매를 담당하는 자회사가 받는 가스가격을 높이기 위해 송유관 소유권을 이용했다. 엘파소사는 텍사스 주와 캘리포니아 주의 가스가격 격차를 벌리기 위해 송유량을 의도적으로 줄인 것이다. 엘파소사는 이러한 혐의를 부인했지만, 장기간의 논쟁 끝에 2003년 캘리포니아 주에 17억 달러를 배상하는 데 합의하고 법적 분쟁을 종결했다. 당시 많은 분석가와 연구자들은 천연가스 시장에서의 엘파소사의 시장지배력 행사와 같은 여러 시장 조작행위가 캘리포니아 블랙아웃의 주된 원인이었던 것으로 결론 내리고 있다. (당시 나도 법경제학 연구자로서 캘리포니아 버클리 대학 로스쿨과 MBA에서 있었던 전력사태 세미나와 토론회에 참석하곤 했다.)

더불어 전력시장과 같은 공공 부문(공익사업) 하나의 규제 완화가 도리어 민간 기업의 시장 조작을 불러왔다는 비판도 만만치 않았다.

독점은 비록 공익사업 분야라 하더라도 일정 부분 시장의 비효율과 그에 따른 소비자후생의 악화를 초래한다. 다시 말해 행복해야 할 소비자를 불행하게 하는 요인이 된다. 우리의 경우 앞서 2001년 한국전력의 발전 부문을 개방했지만 미완성이라는 비판이 있으며, 송·배전과 판매 부문은 여전히 독점구조 아래서의 문제점들이 나타나고 있다. 그에 따라 운영의 비효율뿐 아니라 적시의 설비투자가 이루어지지 않아 잠재적 전력부족을 초래했고, 그에 따른 적자누적을 수차례의 전기요금 인상으로 소비자에게 떠넘긴다는 지적도 있다.

공포의 블랙아웃이 올여름에도 어김없이 찾아올 단골 메뉴가 되지 않아야 한다. 그러려면 국민의 절약정신과 요금인상에만 매달리지 말고 지금부터라도 전력사업의 효율화를 전제한 기존의 전력공급 체계와 가격설정 방식 등에 관한 종합적인 진단과 재검토 그리고 대처가 필요하다.

 하나

공익사업의 특성

전기와 가스, 수도와 교통 서비스 등과 같은 이른바 공익사업(public works or public utilities)이란 "공공의 이익에 관련되며 국민의 일상생활에 필수적인 서비스를 공급하는 사업"을 말한다. 경우에 따라서는 '공익법인이 수행하는 사업'을 의미할 때도 있다.

이러한 공익사업들은 유형(여객, 화물, 우편, 수도 등)과 무형(전기, 정보 등)을 띠며, 격지적으로 이전 내지 이동하게 된다는 특성을 갖는데, 교통·전기통신·우편 서비스는 '이동(배송)' 그 자체가 하나의 사업이 된다.

전기전력과 같은 공익사업은 '규모의 경제(economy of scale)'라는 경제적 특성으로 인해 독점화가 필연적이다. 일반적인 시장에서의 경쟁이 오히려 소비자들에게 불이익을 초래하며, 따라서 독점을 (부분적으로) 허용하는 것이 낮은 소비자가격을 유도하는 방편이 된다. 그런 측면에서 대부분의 공익사업은 공기업 형태의 사업체가 경영하고 있는 실정이다.

또 다른 공익사업의 주된 특성으로는, 소비자의 일상생활에 필수적인 '보편적 서비스(universal services)'라는 것이다. 공익 서비스는 모든 국민이 누구나 이용할 수 있어야 한다는 것이다. 다시 말해 공익사업의 사업자는 공익 서비스를 수요하는 모든 국민들에게 해당 서비스를 차별 없이 공급해야 하는 의무를 진다.

참고로, 이 글은 조선일보(2014년 7월 4일자) "발언내"에 실린 나의 칼럼을 재구성한 것이다.

02

보편적 서비스가
사회 후생을 충족시킬 수 있을까?

전기와 가스, 수도와 교통 서비스와 같은 이른바 공익 서비스 하나가 갖고 있는 대표적인 특성은 '모든 국민이 누구나 이용할 수 있어야 한다'는 한마디로 보편적인 서비스이다. 다시 말해 공익 서비스를 제공하는 사업자는 정부든 민간이든 관계없이 원하는 모든 국민에게 해당 서비스를 공급해야 하는 의무를 갖는다는 의미도 된다.

이러한 '보편적 서비스' 라는 개념을 처음 사용한 사람은 미국의 전기사업자인 AT&T사의 베일(Theodore Vail) 사장이다. 그는 1908년 당시 AT&T 사업광고에서 'One System Policy, Universal Service'라는 표현을 썼다. 통합된 하나의 통신망을 사용해서 국민들에게 보편적인 서비스를 제공하겠다는 의지를 광고를 통해 표방했던 것이다.

그 후 AT&T사는 보편적 서비스 개념을 기초로 미국 전화 시장의 독점을 정당화하고, 독점 구조 아래 전화망을 전국적으로 확대해갔다. 또한 적정 요금을 부과함으로써 전 국민에게 보편적인 전화 서비스의 혜택을 제공하게 되었다. 경제원론 교과서에 나오는 시장경쟁원리에 따른 소비자후생 증가와는 사뭇 차이가 있다.

이러한 보편적 서비스는 누구나 이용할 수 있다는 의미에 더해 누구에게나 동일한 요금으로 이용 가능하다는 의미도 포함한다. 그런데 요금 수준의 동일성은 사실 경제적 효율성의 논리와는 상충되는 측면이 있다. 우리가 알고 있는 효율성의 기본 조건은 적어도 이론적으로는 사업자가 이익도 남길 수 없지만 그렇다고 손실도 보지 않는 수준에서 시장가격이 설정되는 것을 의미한다(이를 한계비용 요금설정 방식이라고 한다). 그래야만 공익사업 서비스 제공의 효율성이 달성되는 것이다.

현실적으로 공익 서비스 요금이 차별적인 경우, 예컨대 전기요금이 농업용, 가정용, 산업용에 따라 달리 설정되는 이유 중의 하나도 (해당 사업자의 초과이윤을 허용하지 않고자 하는 일종의) 효율성 제고를 위한 고육책인 것이다. 만일 공익 서비스의 가격이 용도나 지역에 관계없이 동일하다면 서비스가 남용되거나 그 이용이 지나치게 적어서 자원의 비효율적 배분이 불가피해질 것이다.

한편으로는 공익 서비스의 요금은 지역이나 용도, 이용자 등에 관계없이 동일하게 설정되어야 한다는, 이른바 공평성 관점에서의 주장이 일견 보편적 서비스와 같은 의미로 받아들여지는 측면도 있다.

공공요금의 공평 문제를 일반적 공평성의 개념을 적용하여 해석해보면, 능력에 따른 부담, 세대 간 부담의 공평성, 소비자와 생산자 등 경제주체들 간 공익 서비스 부담의 공평성을 통해 공공요금의 배분적 정의를 실현하자는 주장들이다. 다시 말해 저소득층은 고소득층에 비해 낮은 요금을 매기는 것이 바람직하다는 관점이다. 예를 들어, 전화요금의 경우 고소득층 이용률이 높은 국제전화요금은 높게 책정하고, 저소득층이 많이 이용하는 시내통화요금은 낮춤으로써 공익 서비스 가격설정의 공평성이 어느 정도는 달성될 수 있다는 주장이다.

하지만 냉정히 생각해보면 어느 일방의 주장이 반드시 옳은 것은 아니다. 사회적 후생의 극대화 관점에서는 보편적 서비스가 단지 공평성의 문제뿐 아니라 효율성의 관점을 함께 충족하는 서비스로 이해되는 것이 바람직하다. 다시 말해 보편적 서비스가 전제되는 공공요금 설정의 경우에도 일반적인 자원배분의 기본 원칙인 효율성과 공평성을 함께 감안해야 하는 것이다.

그런 의미에서 현실에서의 공익 서비스들이 보편적 서비스가 되려면 한계비용 요금설정 방식보다는, **동일요금 체제를 기본으로 하되 그로 인해 평균 이상의 편익을 누리는 지역 또는 수혜자들이 평균 이하의 혜택**(실질적으로 손실)**을 보는 지역 또는 수요자들에게 해당 수혜분을 양도하도록 하면 된다.**

예컨대, 대도시 지역은 한계비용 이상의 요금을 부담 지우되, 산간도서와 낙후 지역은 한계비용보다도 낮은 요금을 책정함으로써 대도시 지역민들이 산간도서 지역민들을 보조하는 실질적인 효과를 얻을 수 있다. 물론 이러한 가격 차별화 전략은 효율성 측면보다는 공평성 관점을 보다 많이 감안한 것으로 보이지만 다양한 정책목표들을 고려해야 하는 여건에서 사회 후생을 높이기 위한 현실적 방안이라고 생각된다. [이 글은 공감신문(2015년 5월 8일자) "이종인의 세상읽기"에서 독자에게 미리 소개되었다.]

 하나

공익사업

일반적으로 공익사업이란 "공공의 이익에 관련되며 국민의 일상생활에 필수적인 서비스를 공급하는 사업"을 의미한다. 전기와 가스, 수도, 전신(우편), 교통(전철, 철도, 정기항공, 정기선, 대중교통) 등의 서비스를 제공하는 사업을 말하며, '공익형사업' 또는 '공익상사업'으로 표현하기도 한다.

우리나라 노동조합 및 노동관계조정법(이 법은 기존의 노동조합법과 노동쟁의 조정법을 합쳐 1997년에 제정되었다) 제71조에서는 공중의 일상생활과 밀접한 관련이 있거나 국민경제에 미치는 영향이 큰 사업으로서 ① 정기노선 여객 운수사업, ② 수도 · 전기 · 가스 · 석유 정제 및 석유 공급 사업, ③ 공중위생 및 의료사업, ④ 은행 및 조폐사업, ⑤ 방송 및 통신 사업 등을 공익사업으로 규정하고 있다.

한편 법적 의미에서의 공익사업은 "공익법인이 수행하는 사업"을 의미하는 경우도 종종 있다.

 둘

보편적 서비스(universal service)

모든 이용자가 언제 어디서나 적정한 가격으로 양질의 기본적 서비스를 제공받을 수 있도록 하는 것을 의미한다.

주로 통신 서비스산업 분야에서 사용되어 왔으며, 오늘날에는 규제 관련 산업에 널리 사용되는 경제적 용어이면서 법적 용어이기도 하다.

03
기름값과 세금, 서민생계

       휘발유의 평균 소비자가격이 1천 5백 원대에 머무르고 있다. 불과 1~2년 전까지만 해도 하루가 다르게 오르기만 해서 국가적 걱정거리였는데 세계적 불경기 탓인지 연초에는 1천 3백 원대까지 곤두박질치더니 수개월간 소폭 오른 가격대에서 등락을 거듭하고 있다.

    지난달 미 동부 필라델피아에 다녀왔다. 딸아이 졸업식에 참석하고 4년간 지냈던 대학 기숙사 짐을 꾸려서 인근에 임차한 작은 방으로 옮겨주기 위해 소형 SUV차를 렌트했다. 이곳저곳 다니다 보니 연료가 바닥나 인근 주유소에 들렀다. 보통 휘발유가 갤런당 2.47달러였다. 리터로 환산하고 환율을 반영했더니 리터당 720원꼴이다. 빈 탱크를 가득 채워도 우리 돈으로 5만 원이 채 안 된다.

    우리나라의 자동차 기름값은 세계적으로 높은 편이다. 소득수준을 감안하지 않은 절대 액으로도 미국의 2.1배, 캐나다의 1.5배에 해당하고 이웃 나라 일본보다도 23%가량 비싸다. OECD 국가들 중에서는 낮은 편이라는 정부 주장은 유럽 사회복지국가들의 특성을 무시한 처사이다.

기름값 바로 알기

높은 기름값의 원인에 대해 정부는 그동안 '막대한 영업이익'을 누리는 정유 업계의 폭리 탓으로 돌리고 정유 업계는 정부의 높은 세금을 탓했다. 한술 더 떠 주유소와 정유사는 서로 상대방의 높은 마진을 탓하기도 했다.

사실, 정유사들의 지나친 이익추구가 기름값 상승의 요인이라는 지적도 틀린 말은 아니었다. 2012년 1월 말경 삼성경제연구소에서는 **기름값이 오를 때에는 신속하고 내릴 때에는 느린 이른바 '휘발유값의 비대칭성' 문제가 OECD 13국 중 우리나라가 최악**이라고 발표하기도 했다.

하지만 우리나라 자동차 기름값이 매우 높은 근본적 원인은 기름값의 절반이 넘는 세금(유류세)에 있다는 점은 이미 알려진 상식이다.

기름값은 대개 국제시장가격에 정유사 마진과 주요소 마진, 그리고 세금으로 구성된다. 예컨대 2014년 2분기 3개월간 국제휘발유값의 평균은 리터당 768원 수준이었고, 정유사와 주유소의 평균 마진은 각각 50원과 101원이었다. 여기에 휘발유세와 수입부과금, 관세 등 각종 세금 954원을 합쳐 휘발유 소비자가격의 평균은 리터당 1,870원 수준이었다.

물론 우리나라보다 기름값뿐만 아니라 세금 비중이 높은 국가들도 적지 않다. OECD 회원국 중 영국은 기름값이 우리보다 20%가량 높은 수준이며 세금의 비중도 66.5%에 이른다. 영국뿐 아니라 상당수 유럽 국가들의 세금 비중이 상당히 높은 편이다.

	미국	캐나다	일본	뉴질랜드	한국	영국	네덜란드
리터당 휘발유세 비중(%)	12.3	33.2	45.2	45.6	56.4	66.5	64.6

자료: Opinet.co.kr(2015년 6월 기준 재산정)

표에서 보듯이 우리나라 휘발유세 비중은 미국뿐 아니라 캐나다, 뉴질랜드, 일본에 비해서도 높은 편이다. 하지만 정부 발표를 보면, "우리나라가 OECD 회원국 중 미국, 멕시코, 캐나다, 호주, 일본, 뉴질랜드, 룩셈부르크, 칠레 다음인 9번째로 낮은 국가"로 표현하고 있다. 국제에너지기구(IEA)의 자료에 따르면 OECD 회원국 중 우리보다 세금 비중이 높은 국가는 모두 유럽 국가들이다.

이를 근거로 정부에서는 우리 휘발유세 비중이 오히려 낮은 편이라고 강변하지만, 이는 객관적인 시각이 아니다. 왜냐하면 **우리나라의 경우 거의 모든 경제지표는 미국과 일본을 기준으로 비교하면서 휘발유세 등 세금 부분만 유럽 국가들과 비교하는 것은 이치에 맞지 않는 견강부회(牽强附會)이기 때문이다.**

휘발유세의 합리적인 조정

높은 휘발유세 인하 목소리는 사실 어제오늘의 일이 아니다. 납세자연맹 등 소비자단체와 업계, 그리고 일부 학자들도 그동안 높은 기름값으로 인한 서민생계 문제를 해결하는 가장 현실적인 대안이 세금 인하라고 주장한다.

하지만 정부에서는 이러한 휘발유세 인하에 반대 입장을 고수하고 있다. 기름값이 치솟던 때에는 "국제유가가 배럴당 130달러 초과 시 유가보조 형태로 검토해볼 수 있다"는 관계부처 장관의 입장이 뉴스화되기도 했다. 또 지난 2008년 초 2조 원의 세수감소를 감수하고 한시적으로 휘발유세를 10% 인하해보았지만 유가 인하 효과가 별로였다는 견해를 피력하기도 했다.

현재의 휘발유세율 구조는 지난 김대중 정부 당시 IMF 외환위기 대응을 위해 5년간 한시적 운용을 전제로 설계된 것이다. 그런데 지금은 균형재정의 핵심 축으로 변질되어 활용되고 있는 실정이다. 다시 말해, 2011년도 휘발유세 세수는 국세수입의 약 14%에 해당하는 25조 원 규모였는데, 이는 연간 근로소득세수인 16조 원보다 훨씬 큰 수치이다.

지난 수년간 휘발유세 징수액을 보면, 당초 목표치보다 이런저런 배경으로 초과되는 경우가 많았다. 그럼에도 작금에는 국가의 세수부족분을 휘발유세를 늘려 충당하자는 주장도 공공연하다. 정부가 균형재정을 최우선시해 국제적으로 높은 기름값에 따른 서민 대중의 어려움을 정책의 후순위에 놓는 것은 문제가 있어 보인다.

한편, 일각에서 주장하는 에너지 소비억제를 위해 세금을 통해 높은 기름값을 유지해야 한다는 논리는 기본적인 경제논리에 맞지 않는다. 예컨대 휘발유는 더이상 가격조절을 통한 수요량 조절이 용이한 사치재가 아니다. 기름값이 오른 만큼 자동차 주행거리가 비례적으로 줄지 않는 것이 여러 연구에서도 입증되고 있다. 오히려 기름값과 무관한 경우가 일반적이라고 생각된다. 얼마 전 한 일간지 기사를 보니 "지난해의 고공 기름값에도 불구하고 국내 휘발유 사용량은 오히려 늘었다"고 한다. 에너지 수요억제를 위해서라도 현행 휘발유세율을 유지해야 한다는 입장에는 모순이 있는 것이다. 왜냐하면 국민들에게 자동차와 휘발유는 수요탄력성이 매우 낮은 생활의 필수품이기 때문이다.

더욱이 높은 세율은 저소득근로자, 영세자영업 종사자, 중소기업 등 서민에 더 부담되는 불평등한 구조라는 점이며, 이는 우리 서민경제를 어렵게 하는 주된 요인이 되고 있다.

이러한 문제점에 대응해 정부에서는 서민을 대상으로 한 유가보조금 🖋 하나을 늘려주거나 알뜰주유소를 확대하는 정책을 펴왔다. 하지만 영업용 화물차에 한해 기름값의 일부를 직접 지원하는 유가보조금제도는 연간 2조 원의 국가재정을 투입하고서도 적지 않은 문제점이 노출되고 있다. 고유가 대책의 하나로 이태 전에 도입된 알뜰주유소 확대 정책 역시 기대했던 효과가 미약해 보인다.

특정 계층을 대상으로 한 현행 유가환급금제도나 쿠폰 발급 등의 정책 역시 면세유 부정거래 등 적지 않은 문제점이 나타나고 있다. **아무리 좋은 취지의 제도를 만들더라도 시행이 원활하지 않으면 없느니보다 못할 수 있다.**

서민생계와 국가경쟁력 강화를 위해

한 해 25조 원이나 되는 휘발유세 수입은 나라의 재정운용에 필수적인 국가정책상의 문제이다. 하지만 서민의 기름값 부담뿐 아니라 기업들의 고유가에 따른 원가부담을 줄여 국가 경쟁력 강화를 위해서도 휘발유세를 합리적으로 조절할 필요가 있다.

나의 생각으로는, 현행법에 이미 정해놓고 있는 상하 30%라는 탄력세율의 범위 내에서 세금을 한시적으로 낮출 필요가 있다. 적어도 2008년에 시행했던 세금 인하 조치의 폭인 '10% 수준'은 인하해야 할 것이다. 덧붙여 수입 원유에 붙는 현행 3%의 수입관세 기본세율의 할당관세도 낮춰주는 것이 바람직하다.

선진국이 되려면 소비자를 선진 국민으로 대우해야 한다. 우리와 마찬가지로 산유국이 아닌 일본보다도 더 높은 휘발유세를 매겨 높은 기름값을 국민에게 요구하는 것은 어불성설(語不成說)이다.

정유사나 주유소의 폭리 내지 마진의 문제도 시장경쟁의 범위 내에서 가능한 한 합리적인 영업으로 소비자의 부담이 줄어들도록 해야 하겠다. 하지만 핵심은 세금이다. 기름값의 절반이 훨씬 넘는 교통세, 교육세, 주행세, 부가세 등 세금을 법에서 정한 범위 내에서 다소나마 줄여줘야만 높은 기름값으로 고통받는 국민들의 부담이 줄어들 수 있게 될 것이다.

 하나 ～～～～～～～～～～～～～～～～～～～

유가보조금제도

정부에서는 주로 영업용 화물차 운전자의 기름값 부담을 덜어주기 위해 10여 년 전부터 유가보조금제도를 시행하고 있다. 기름값의 고공행진으로 생계가 위협받을 정도로 화물차주의 부담이 늘어남에 따라 정부가 고육책으로 내놓은 것이 이 제도이다. 유류세를 낮추는 대신 에너지 세제를 개편해 영업용 화물차에 한해 유류비의 일부를 직접 지원하고 있다.

그런데 문제는, 연간 2조 원 규모로 운용 중인 이 제도가 허점투성이라는 데 있다. 언론을 통해서도 종종 보도되었듯이 LPG와 경유 차량의 경우 리터당 180원에서 280원을 보조받게 되는데, 곳곳에서 누수 현상이 발생하고 각종 불법, 탈법, 부정사용 사례가 끊이지 않고 있다.

아무리 좋은 취지의 제도를 만들더라도 시행이 지지부진하거나 잘못 시행된다면 그 부작용이 혹처럼 커지고, 경우에 따라서는 없느니보다 못할 수도 있다. 기름값이 올라갈 때 의례적으로 등장하는 유류보조금제도 확대 논의는 그런 관점에서 신중한 접근이 필요하다.

04

문제는 규제야, stupid!

"문제는 경제야, 바보야(It's economy, stupid)"는 잘 알려진 대로 1992년 미국의 42대 대통령 선거에서 사용되었던 구호다. 쿠웨이트를 점령한 이라크군을 신속히 몰아내는 혁혁한 승리에도 불구하고 조지 W 부시 대통령은 이 표현을 들고 나와 경제문제 해소를 주창한 빌 클린턴 민주당 후보에게 패배했다. 역사문제로 여러 이웃 국가와 충돌을 빚고 있는 극우적 시각의 아베 신조 일본 총리도, 이른바 아베노믹스로 불리는 경제정책 추진으로 자국민들의 지지도는 비교적 높다.

집권 3년 차를 맞은 박근혜 정부에서 해결해야 할 최우선 과제도 결국 경제문제로 귀착될 것이다.

경제를 살리기 위해 또는 건강한 경제발전을 위해 역대 정부에서 공통적으로 추진되어 온 경제정책 하나를 꼽으라면 '규제개혁'일 것이다. 국어사전을 보면 '국민과 기업의 활동에 제한을 가하는 일체의 행정 조치'를 규제라고 한다.

국민의 안전을 지키기 위한 규제나 환경오염을 막기 위한 조치 등과 같이 꼭 필요한 규제도 있지만 수많은 규제가 자유로운 기업활동을 제약할 뿐 아니라 국민의 생활을 불편하게 하고 있다. 이러한 각종 규제를 없애는 일은 우리 경제의 암 덩어리를 도려내는 것으로까지 비유될 정도이다.

기업 위주였던 이전과는 달리 박근혜 정부에서는 규제개혁의 문제를 민생에 필수적인 경제정책 과제로 각인시키는 데 성공했다. TV를 통해 생중계된 끝장 토론(공식 명칭은 '규제개혁장관회의 및 민관합동 규제개혁 점검회의'였다)에서 대통령의 질문에 각 부처 장관들이 진땀 흘리며 답변하고 토론하는 광경을 보면서 규제개혁에 대한 국민과 기업의 기대감도 한층 높아졌다. 요지부동이었던 여러 대못 규제들이 그동안 술술 해결되는 것을 뉴스를 통해 지켜보면서 규제개혁을 통해 민생경제가 되살아나고 일자리도 늘릴 수 있을 것이라는 믿음도 주었다.

그런데 이러한 정부 주도의 개혁추진에 빨간 불이 감지되고 있다. 야심차게 준비해온 정부의 규제개혁 계획의 본격적인 추진을 위해 반드시 개선해야 할 여러 제도를 담은 행정규제기본법 개정안 ✎ 하나이 국회에 묶여 있고, 새누리당 소속 국회의원 157인 전원이 발의한 관련 법안의 반영도 기약이 없기는 마찬가지이다. 규제신문고와 같이 이런 법들이 개정되지 않아도 기존 법제의 틀 속에서도 추진할 수 있었던 기존 제도들까지 발목이 잡힌 꼴이어서 답답하기만 하다.

더욱이 올해 초로 예정되었던 대통령 주재 장관회의의 개최 시점이 늦어져 지난 5월이 되어서야 소규모로 열리게 된 점도 고조된 규제개혁 분위기를 흐린 측면이 없지 않다. 일각에서는 정부와 업계, 그리고 국민 간의 '온도 차'를 우려하기도 한다. '핵심규제의 몇 % 목표 달성'이라든가, '규제신문고 개선 사례 80선'과 같이 양적 성과의 홍보보다는 규제의 질적 개선을 보다 더 중시해야 할 것이다. 외형적 성과보다는 피규제자인 기업과 국민의 기대에 못 미치지는 않은지 점검하고 또 확인해보아야 한다.

　그러려면 무엇보다 규제개혁을 주도적으로 추진하는 주체의 독립성과 전문성이 확보되어야 한다.

　파킨슨 법칙(Parkinson's law) 이 지적하고 있는 조직의 속성과 마찬가지로 정부규제도 방임하면 늘어나기만 한다. 규제를 담당하는 정부부처에 대해 강한 억제력을 발휘할 수 있도록 규제개혁위원회의 독립성과 권한을 보장해주어야 한다. 규제개혁을 전담하는 공무원은 순환보직의 인사 관행에서 제외해 업무의 연속성과 전문성을 높여주어야 한다.

　우리 경제의 기초가 되는 민생경제를 되살리기 위해서는 힘들여서 이어온 규제개혁의 불씨를 키워나가야 한다. 세 차례의 대통령·장관회의에서 나왔던 대책들이 잘 진행되고 있는지 철저히 점검하고, 일선 공무원의 규제개혁 피로감을 보상할 수 있는 유인책도 확실히 제시해주면 좋겠다.

　무엇보다도 관련법의 개정이 하루빨리 이루어져 규제개혁의 추진동력이 지속되어야 하는데, 이를 위한 정치권과 정부의 노력과 대승적 차원의 정치력 발휘를 기대해본다. [이 글은 공감신문(2015년 4월 8일자) "이종인의 세상읽기" 칼럼으로 실린 글에 약간의 살을 덧붙여보았다.]

하나

행정규제기본법 개정안

　앞서 소개했듯이 기업과 국민의 권리를 제한하거나 의무를 부과하는 등 제반 활동을 제한하는 일체의 행정 조치들을 규제라고 하는데, 이러한 규제를 규율하는 법이 행정규제기본법이다. 이 법의 제1조(목적)를 인용해보면, "행정규제에 관한 기본적인 사항을 규정하여 불필요한 행정규제를 폐지하고 비효율적인 행정규제의 신설을 억제함으로써 사회·경제활동의 자율과 창의를 촉진하여 국민 삶의 질을 높이고 국가경쟁력이 지속적으로 향상되도록 한다"로 명시되어 있다.

정부에서는 지난해 8월 이 법의 내용을 대대적으로 바꾸는 개정안을 발표했다. 그중 중요한 내용을 소개하면, ① 규제가 새로 만들어지거나 강화해야 할 경우 상응하게 기존 규제를 줄이도록 의무화하는 규제비용총량제를 도입하고, ② 존속시켜야 할 명백한 사유가 없는 규제는 일정 기한 내 소멸시키겠다는 규제일몰제를 강화하는 것이다. 그리고 ③ 기업이나 국민의 요청에 대해 정부에서 책임자 실명제로 신속히 답변하도록 하는 규제신문고를 도입하고, ④ 모든 기업 활동을 원칙적으로 허용하되 일부 금지항목만 예외적으로 규제하는 방식의 이른바 '네거티브 규제방식'으로 개혁하는 내용을 담고 있다. 그 외에도 규제를 탄력적으로 적용하고 여러 부처가 연관되어 있는 이른바 덩어리규제를 통합 관리하며, 규제개혁위원회의 역량을 높이는 등의 내용도 포함되어 있다.

문제는 이러한 법 개정안이 국회를 통과해 법제화되지 않으면 지금까지 추진해온 정부의 규제개혁 노력이 대부분 허사가 될 뿐 아니라, 정권에 따라 크게 영향을 받는 등 지속적이고 체계적인 규제의 개혁이 물거품이 될 수 있다는 점이다.

 둘

파킨슨 법칙(Parkinson's Law)

관료의 수는 업무의 경중이나 그 유무에 관계없이 일정 비율로 지속적으로 증가하는 속성이 있다는 영국의 행정학자 파킨슨(Cyril N. Parkinson)이 주창한 법칙을 말한다.

파킨슨은 그 이유를 두 가지로 들고 있다. 첫째, 제1공리로 명명한 이른바 '부하증가의 법칙'이다. 특정 공무원이 업무가 과중해지면 동료의 도움을 받아 해당 업무를 반분하기보다는, 자신을 보조해줄 부하를 원한다는 공리이다. 둘째, 제2공리로 이름 붙인 이른바 '업무증가의 법칙'이다. 부하가 늘어나면 혼자서 담당하는 때와는 달리 지시, 보고, 승인, 감독 등의 파생적 업무가 생겨나 본질적 업무는 그대로여도 업무량이 배로 증가되는 현상이 나타난다는 것이다.

이러한 파킨슨 법칙은 반세기 전에 영국에서 주창된 논리지만 오늘날의 우리의 실정에도 많은 점을 시사하고 있다. 공무원의 수뿐만 아니라 정부와 산하기관들의 조직과 예산은 통제되지 않으면 끊임없이 생겨나고 또 증가하게 된다. 규제도 같은 맥락인 것이다.

05
일반약의 슈퍼판매가
어려운 진짜 이유

지난 2011년 6월 하순경 일반약의 슈퍼판매를 둘러싸고 오락가락했던 정책에 여론의 뭇매가 가해졌던 일이 있었다. 당시 보건복지부장관이 직접 "계획했던 개인적 정치 일정을 제쳐두더라도 약사법을 개정해 일반약의 슈퍼판매를 관철하겠다"고 선언하기도 했다.

그간 정부에서는 약사법 개정안을 마련해서 국회에 제출했고, 2012년 5월 법안이 국회를 통과해, 이른바 '안전상비의약품' 하나이라는 이름으로 약국 외 판매가 겨우 성사되었다.

하지만 **의료소비자의 입장에서는 여전히 불편하다. 연중무휴 점포에서만 그것도 보건소에 판매자로 등록된 편의점에서만 구입이 가능하고 일반 슈퍼마켓 등에서는 아예 구입이 불가능하다.** 지금의 분위기에서는 국민들이 원하는 실질적인 슈퍼판매가 실현될 가능성은 매우 낮아 보인다.

한 조사에서는, 국민의 70% 이상이 일반약의 슈퍼판매에 찬성표를 던졌다. 장관뿐 아니라 대통령까지 나서서 관철돼야 할 국민을 위한 정책이라 했지만, 이해집단 간 이견 차이로 인해 판매규제가 해소되기 어려워 보인다.

오래전 기억을 더듬어본다. 지난 1997년에 처음 정부 일각에서 감기약과 해열제와 같은 일반약을 (미국과 같이) 슈퍼에서도 살 수 있어야 되지 않느냐는 이야기가 나왔었고, 세상을 시끄럽게 했던 2000년도 의약분업 분쟁 때에도 의료계에서 상대편을 공격하는 발언으로 일반약의 슈퍼판매를 주장하기도 했다.

이러한 배경이 있던 터에, 지난 2011년 의료계에서 전문가의 입장에서 일반약 슈퍼판매를 찬성한다는 취지를 밝히자 약사계에서 발끈했다. 이들은 그동안 의사의 처방이 필수인 이른바 전문약을 의사의 처방 없이도 약국에서 바로 살 수 있는 일반약으로 전환해달라는 주장으로 맞불을 놓았다. 국민들의 불편을 덜어주겠다는 취지와 함께.

일반약의 슈퍼판매와 전문약의 약국판매를 둘러싼 공방의 내면에는 여러 사정과 이해관계가 매우 복잡하게 얽혀 있다. 하지만 한 가지는 분명해 보인다. 의료 서비스 소비자들은 안중에도 없는 바로 '그들만의 리그'로 비쳐진다는 점이다.

약사들은 비록 오남용의 우려가 적은 일반 의약품이지만 국민의 안전을 위해 복약지도가 필수이고, 의사들도 환자의 안전을 위해 전문지식에 근거한 처방이 필수라고 주장한다. 과연 그런 이유에서만일까?

내가 들렀던 병·의원의 의사들은 진료 후에 약에 대한 설명을 해주는 경우가 많지 않았다. 처방전을 출력해 건네주는 직원 역시 환자의 질문이 없으면 설명을 해주지 않는다. 처방전을 들고 찾아간 대부분의 약국에서는 "이런 이런 약이니 식후 30분에 맞춰 드시고 부작용이 있으면 복약을 멈추세요"라는 관행적인

'복약지도'가 전부였다.

전문약이 일반약이 되면 의사 입장에서는 처방받는 환자가 줄고 약사에게는 득이 된다. 일반약이 슈퍼판매약이 되면 약사에겐 적지 않은 실이 됨은 누가 봐도 알 수 있다. 그래서 이들은 기를 쓰고 반대하는 것이 아닐까. 의사든 약사든 의료 서비스 소비자의 입장을 한번 진지하게 생각해주면 좋겠다.

일반약이 많아지면 환자들은 손쉽게 약을 살 수 있어 편하긴 하지만 약에 대한 의존도가 높아질 것이다. 외국과 같이 슈퍼나 편의점에서 약을 손쉽게 살 수 있게 되면 국민들의 불편이 줄어들 것이지만, 만에 하나 부작용이나 잘못된 복용으로 약해(藥害)를 입을 수도 있다.

일반 의약품의 약국 외 판매가 부분적으로나마 허용됨으로써 의료소비자들이 보다 편리하게 감기약이나 해열제, 소화제와 같은 상비약을 구입할 수 있게 되었다. 약국 입장에서는 다소 불만이겠지만 국민에게는 득이 되고 있음은 비슷한 제도를 갖고 있는 선진국의 경우를 보더라도 쉽게 짐작된다.

약국 외 판매가 법으로 허용되고 있는 13개 품목에 대해서는 연중무휴 편의점뿐 아니라 **일반 슈퍼와 인터넷을 통한 온라인판매도 과감히 허용하는 방안을 긍정적으로 검토할 필요**가 있다. 진정으로 의료 서비스 소비자를 위한다면 '**안전상비의약품'의 품목 수도 지금의 13개에서 상당수 늘리는 것이 바람직하다.** [일반약의 슈퍼판매는 여전히 요원하고, 이를 둘러싼 공방은 '그들만의 리그'라는 생각을 지울 수 없어 『세상을 바꿀 행복한 소비자』(2012)의 첫 번째 이야기였지만 이 책에서도 소비자를 위한 나의 주장을 경신했다.]

일반약(OTC)과 안전상비의약품

일반약은 의사의 처방 없이 약국에서 판매될 수 있는 약사법에서 정한 '일반 의약품'을 말한다. 흔히 Over the Counter라는 영어의 머리글자를 딴 OTC 약으로 부르기도 한다. 약사법에서의 의약품 분류 체계에 따르면, 의사 처방에 따라 약국에서 판매되는 전문의약품과 처방이 요구되지 않는 일반 의약품 그리고 약국이 아닌 곳에서도 판매가 가능한 의약외품으로 구분된다.

'안전상비의약품'은 약사법에 의해 지정된 해열진통제, 감기약, 소화제, 파스 등 13개 일반약 품목을 말한다. 해열진통제로는 타이레놀정 500mg, 타이레놀정 160mg, 어린이용 타이레놀정 80mg, 어린이 타이레놀 현탁액(100ml), 어린이 부루펜 시럽(80ml) 등 5종이며, 감기약은 판콜에이 내복액(30ml), 판피린티정 등 2종이 지정됐다. 소화제는 베아제정, 닥터베아제정, 훼스탈 골드정, 훼스탈 플러스정 등 4품목, 파스류는 제일 쿨파프와 신신파스 아렉스 2품목이다.

정부에서는 이들 품목의 편의점 판매 효과 등을 지켜보면서 향후 품목의 추가 또는 변경을 추진하겠다고 한다.

의약분업 분쟁

의료계와 약사계는 약을 매개로 한 떼려야 뗄 수 없는 관계 속에 있다. 몸이 불편한 환자들에게 의사도 약을 쓰지만 약사는 이러한 약들을 파는 입장이다. 약에 관계된 약사와 의사와의 관계에 관해 그동안의 정책 변화와 함께 생각해본다.

의약분업제도는 원래 질 높은 의료 서비스를 제공하기 위한 취지로 논의되었고 지난 2000년 초 시행됐다. 하지만 제도의 시행을 둘러싸고 의료계에서 장기간 진료행위를 거부하는 등 집단 반발로 국민의료 서비스에 심각한 불편을 초래했고, 약사계에서도 집단 이기주의적 행동으로 여론의 비판을 받았다.

더욱이 보건복지부에서도 여러 차례 정책 시행의 혼선을 초래했다. 대표적인 사례가 2005년에 논란이 되었던 이른바 '제2의 의약분쟁'과 국민 건강 보험료의 계속적인 상승으로 국민 부담이 늘어난 문제이다.

국가마다 차이가 있지만 우리나라는 의약분업제도 시행 이후 '약은 약사에게 진료는 의사에게'라는 구호에 어느 정도는 맞는 교통정리가 이루어졌다. 환자들은 의약분업 이전에는 병원에서도 약을 탈 수 있었고 약국에서도 처방전 없이도 약을 살 수 있었다. 하지만 약사계에서 주장한 의약분업이 관철된 후로는 약 처방의 수단을 약사계에서 독점하게 되었다.

06
반값 할인, 믿을 수 있을까?:
권장소비자가와 '오픈프라이스'

　　　　　　　　　　'반액 세일' 시장에서 심심찮게 볼 수 있는 카피 문구이다. 실제로 식품류의 경우 제값 다 내면 바보라는 말을 들을 정도로 소매가의 절반에 사 먹을 수 있는 품목이 적지 않다.

　　대체 원가가 얼마이기에 절반 가격이나 그 이하로 할인하는 것일까? 혹시나 판매가를 두 배로 부풀리지는 않았을까? 딴 상품들을 팔기 위한 미끼상품은 아닐까? 궁금한 점이 한두 가지가 아니다. 하지만 소비자들은 알 길이 없다. 바로 오픈프라이스(open price)제도와 권장소비자가격 ✒️ 하나 제도 때문이다.

　　제조업체가 임의적으로 표시하는 '권장소비자가' 대신에 동네 슈퍼와 같은 최종 판매자인 유통업체가 가격을 매기는 오픈프라이스라는 것이 있다. 이 제도는 업체 간 자율적인 가격인하 경쟁을 유도해 소비자가격을 낮출 목적으로 1999년에 TV 등 일부 가전제품에 처음으로 도입됐고, 2010년 7월부터는 과자와 라면, 아이스크림과 빙과류도 포함하는 등 280여 품목에 적용됐다. 그런데 문제는 소비자를 위한다는 취지와는 달리 제도의 역효과로 소비자의 혼란과 불만이 더욱 높아졌다는 점이다.

당초 기대와는 달리, 제도를 확대해서 시행하자 빙과와 아이스크림, 과자류와 같은 유명 인기 상품의 가격이 3~5% 수준인 일반 소비자물가 상승률보다 훨씬 높은 5~25%나 됐다. 더욱이 동네 슈퍼나 영세업체들이 판매가를 표시하지 않는 곳이 많아져서 소비자들의 불편이 가중됐다. 올 초에 실시된 한 조사에 따르면 지난 몇 년간 평균적인 가격 표시율은 높아졌으나, 빙과와 아이스크림, 라면, 과자의 경우는 표시율이 각각 10% 미만, 45.5%, 53.3%로 매우 낮았다. 또한 대형마트와 편의점, 골목상점 등 판매점별로 가격이 천차만별이어서 크게는 3배나 차이가 났다.

그러다 보니 소비자들은 가격 표시가 비교적 잘 되어 있고 가격도 저렴한 경우가 많은 대형마트나 SSM 圖툴을 더 좋아하게 되어, 동반성장이나 상생(相生)을 외치는 정부 정책과 어긋나는 결과를 초래했던 것 같다.

오픈프라이스로 인한 소비자문제는 이것만이 아니다. **사실 '50% 할인' 광고를 해도 소비자들은 속는 것은 아닌지 의심스럽지만 확인할 방법이 없다.** 가격 표시가 안 돼 있으니 가격이 언제, 얼마나 올랐는지 판단하기도 어렵다.

오픈프라이스에 관련된 혼란과 애로는 영세한 슈퍼나 소매점도 예외가 아니다. 소매점들은 스스로 가격을 정할 수 있음에도 현실적으로 그렇게 하지 못한다. 많은 경우 거래하는 납품업체에서 정해주는 가격을 따를 수밖에 없다. 그러다 보니 권장소비자가가 지켜지던 시절과 별반 차이가 없는 실정이다.

아이러니한 점은, 추가됐던 빙과류나 아이스크림, 과자, 라면을 제외한 275개의 다른 품목들은 비교적 잘 정착되고 있다는 것이다. TV나 냉장고, 유명브랜드 의류와 신발 등의 소비자가격은 판매점에서 매기고 있고 가격 표시도 잘 되고 있다. 물론 이러한 제도에 관한 소비자의 불만도 그다지 많지 않아 보인다.

문제는, 정부가 2010년 7월 생활물가 수준을 대표하는 빙과류와 아이스크림, 과자와 라면 등 4개 품목을 면밀한 검토 없이 오픈프라이스로 바꾼 데 있었다. 권장소비자가를 제조업자가 결정함으로써 소매점이나 대리점의 가격경쟁을 제한하는, 이른바 '재판매가격 유지행위' 셋의 억제를 위한 오픈프라이스 적용의 효과에 대한 사전 검토가 크게 부족했던 것이다. 그 결과, 앞서 지적한 여러 문제뿐 아니라 당시의 물가상승의 주범으로 지목되었던 것이다.

논란이 지속되자 정부에서는 2011년 8월부터 4대 가공식품을 오픈프라이스 대상에서 제외해버렸다. 시행 1년 만이다. 오픈프라이스에 관한 오락가락 정책이라는 비판을 감수하면서 이들 품목에 대한 기존의 권장소비자가를 부활시켜버렸다.

그럼에도 시장에서는 권장소비자가 표시가 잘 지켜지지 않고 있어 소비자들의 불편과 혼란이 반복되는 실정이다. 오픈프라이스제도가 폐지된 지 4년이 되어가지만 업체들은 권장소비자가 표시에 소극적이다. 유통업체의 '반값 아이스크림' 상술에 악용되도록 눈을 감고 있는 것이다.

선진국들도 우리와 같은 문제들로 인해 오픈프라이스를 단계적으로 줄여나가고 있다. 미국과 독일은 권장소비자가격(MSRP: manufacturer's suggested retail price) 표시를 상당 부분 허용하고 있고, 우리와 여건이 유사한 일본도 조례 등을 통해 권장소비자가격 표시 대상품목을 상세히 지정하여 시행하고 있다.

우리도 시행 중인 275개 오픈프라이스 대상품목을 선별해 제한적으로 줄여나가는 것이 좋겠다. 다만, 제도 시행의 혼선을 없애기 위해 정부가 권장소비자가 표시에 대한 구체적인 가이드라인을 신속히 만들어서 시장에 제시해줄 필요가 있다.

간과해선 안 될 점은, 오픈프라이스가 궁극적으로 소비자 이익을 위한 제도라는 것이다. 아이스크림과 스낵류와 같은 일부 품목 외에는 이 제도로 인해 시장에서 가격경쟁을 통해 소비자가격이 낮아졌다는 점이 연구를 통해서도 밝혀졌다. 따라서 **장기적으로는 소비자 상품의 가격을 제조자가 아니라 최종 판매자가 매기도록 하는 오픈프라이스가 잘 정착되는 것이 바람직**하다.

다만, 제조업자들이 권장가격을 부당하게 정한다든지, 유통업체들이 가격 표시를 제대로 안 하거나 판매가를 터무니없이 높게 정하는 것을 감시하고 규제할 수 있는 메커니즘이 필요하다. 시민단체의 적극적인 감시활동과 더불어, 소비자들도 오픈프라이스가 자신들에게 이익일 수 있다는 점을 인식해야 한다.

 하나

오픈프라이스와 권장소비자가격

권장소비자가격이나 희망소비자가격과 같은 기준이 되는 가격을 해당 상품의 생산자 대신에 동네 슈퍼와 같은 최종 판매업자가 결정토록 하는 방식을 오픈프라이스 제도라고 한다. 이 제도는 소비자기본법(제12조)에 근거를 두고, 특정 품목에 대해 권장소비자가격 등의 표시행위를 '사업자의 부당한 행위' 중의 하나로 지정해 고시하고 있다.

권장소비자가격은 임의사항이긴 하지만, 판매가의 20% 이상이 되면 부당표시에 해당되어 규제를 받을 수 있다. 하지만 대부분 상품의 권장소비자가격은 실제 판매가에 비해 높게 표시되어 있어 소비자들의 적정가격 판단에 혼란을 주고 있는 실정이다.

 둘

SSM(super supermarket)

지에스(GS)마트나 롯데마트와 같이 대형 유통업체들이 운영하는 '기업형 슈퍼마켓'을

SSM이라 한다. 대개 총면적이 9백 9십에서 3천 3백 제곱미터(3백~1천 평) 규모로 대형마트보다는 작고 일반 동네 슈퍼보다는 큰 유통매장을 지칭한다. 가공품을 주로 판매하는 편의점과는 달리 채소나 생선류와 같은 농축산물도 판매한다.

 셋

재판매가격 유지행위

상품을 만들어 파는 사업자가 소매업자에게 상품의 재판매가격을 정해 그 가격대로 판매할 것을 종용하거나, 직접적인 조건을 붙여 거래하는 행위를 '재판매가격 유지행위'라고 한다. 예를 들어, A라는 메이커가 대리점에 소비자 판매가격을 미리 정해주고, 대리점이 이를 따르지 않을 경우 대리점 폐쇄나 거래중지, 리베이트 지급중지 등의 조치를 할 경우 재판매가격 유지행위에 해당된다.

이러한 행위는 자유롭고 공정한 경쟁을 저해하고 수요와 공급의 원칙에 근거하는 정상적인 가격 형성을 방해함으로써 소비자들의 이익을 해칠 수 있다.

그러한 이유로 우리나라를 포함한 많은 나라들이 이러한 행위를 불공정한 것으로 규정해 금지하고 있다. 일부 상품에 대해서는 허용되는 예외적인 경우도 있다.

대출금리 상한 이대로 좋은가?

안심전환대출 쓰나미가 지나갔지만 서민들의 원성이 더 커지는 것 같다. 35만 명의 주택담보 대출자들이 기존의 높은 금리를 연리 2.6% 수준의 낮은 고정금리로 바꿔 탈 수 있게 되었다.

하지만 정부가 '한 건' 한 회심의 안심전환대출 정책의 수혜자는 대부분 집을 가진 중산층이다. 제2금융권 이용자나 대부업체, 사채를 이용하는 서민이나 취약계층은 아무런 혜택을 받지 못한 꼴이 되었다.

이번 공/감/문/답에서는 저소득, 저신용자들을 위한 서민금융 서비스 문제를 다뤄보려고 한다. 금리문제에 초점을 맞춤으로써 이야기가 산만해지지 않도록 하겠다.

🎤 이번에 정부에서 가계부채 문제의 심각성을 완화하기 위해 안심전환대출 정책을 폈다. 많은 대출자가 약 2.6%의 낮은 이자의 대출로 갈아탈 수 있게 되어 가계부채 구조상의 문제를 많이 개선한 것으로 보인다.

🎙 총 33조 9천억 원 규모의 주택담보 대출자가 그 혜택을 봤다고 한다. 일단 대출자들이 이자와 원금을 함께 갚아나가게 함으로써 가계부채 구조상의 문제점을 개선하는 데 상당히 기여할 것이다.

하지만 그 대출상품의 수혜자는 대부분 집을 가진 중산층이어서, 상호저축은행과 같은 제2금융권 이용자나 대부업, 사채를 이용하는 서민이나 저신용의 취약계층이 정책에서 배제되었다는 비판이 제기되고 있다. 특히 기존의 제도권 서민금융 서비스나 서민·취약계층을 위한 정책금융 서비스로부터 소외된 저신용자들이 대부업이나 사채시장으로 더 내몰리지는 않을까 우려된다.

🎤 더욱이 1%대의 기준금리에도 불구하고 대부업은 여전히 연리 34.9%인 법정 최고금리 수준의 고금리 대출이 주류여서 서민의 금융 부담이 상대적으로 매우 크다고 본다. 어떤 실정인가?

🎙 우리나라 대부업 이용자는 2014년 6월 기준으로 255만 명으로 추산된다. 그리고 이들 서민은 평균 연 30.8%의 대출금리를 부담하고 있는 것으로 나타났다. 잘 알려진 대형 대부업체들은 거의 대부분 법정 최고금리인 34.9%의 이자를 받고 있는 것으로 알려졌다.

시중 은행이나 상호저축은행들은 시장금리가 낮아짐에 따라 대출금리도 많이 낮췄고 카드사들조차 카드론과 현금서비스 이자를 낮추고 있는 것과는 사뭇 대조적이다.

이는 상대적으로 은행과 저축은행과 같은 제도권 대출을 잘 이용할 수 없는 저소득, 저신용 서민들의 상대적 금융 부담이 훨씬 커졌음을 의미하는 것이다.

현행법에서 정한 최고이자가 34.9%이기 때문에 대부업체들이 이렇게 높은 이자를 받는 것이 아닌가? 그렇다면 법정 최고금리를 낮추면 되지 않는가? 20%나 10%로 이자를 낮추면 어떤가?

맞는 말씀이지만, 그렇게 단순한 문제가 아니다. 사실 그동안에도 법정금리 수준을 "낮추자", "안 된다" 등 논란이 많았다. 이들이 말하는 법정 제한 이자율은 두 가지 법에 관한 것이다. 하나는 대부업법이고 다른 하나는 이자제한법이다.

정부와 지자체가 관리하는 등록대부업자들은 대부업법에서 정한 최고금리인 연리 34.9%보다 높은 이자를 받을 수 없다. 그 외의 일반인들이나 사채업자와의 거래에서는 이자제한법에서 정해놓은 연리 25%가 상한선이다. 그보다 높은 이자를 받는 경우 불법이고, 법에 의해 형사적 처벌도 받을 수 있다. 또 피해 소비자는 해당 업자로부터 피해금액을 되돌려 받을 수 있다.

그런데 이 두 가지 법에서의 최고금리가 너무 높다는 주장이 있고, 말씀하신 것처럼 현재보다 낮추어야 한다는 주장이 있다. 반면에 낮추면 오히려 서민들 혹은 신용도가 낮은 취약계층들만 피해를 보게 된다는 주장도 있다.

🔊 그러한 서로 다른 주장에 대해 좀 더 상세히 알고 싶다.

🎙 일부 시민단체와 소비자 측에서는 현재의 최고금리를 상당 수준 낮춰주기를 바라고 있다. 정치권에서도 서민금융의 최고금리 인하를 주장하는 법안이 여러 차례 국회에 제출되기도 했었다. 이러한 금리 인하 주장의 공통된 논리는 국제적 초저금리 기조와 시장금리의 하향 안정화 속에서 대부업체들의 이익이 늘고 있는 반면에 서민·취약계층은 고금리로 고통을 받고 있다는 것이다.

이에 반해, 대부업계와 일부 학계에서는 반대하는 입장이다. 주된 논지는, 법정 최고금리가 인하되면 중소규모의 많은 대부업체들의 경영이 어려워지고, 따라서 불법 사채업자로 전락하게 되며, 그로 인해 서민들과 취약계층들은 오히려 불법 사채시장으로 내몰리게 된다는 것이다.

🔊 양쪽의 주장이 모두 일리가 있어 보인다. 그렇다면 정부의 입장은 어떤가? 어느 편의 주장을 타당하게 보는가?

🎙 현재의 법정금리에 대한 직접적인 개입은 하지 않을 것 같다. 지난 몇 년간 49%에서 44%, 39%, 34.9%로 몇 차례나 최고금리를 인하하면서 사실 대부업계의 반발 등 고생이 심했을 것이다. 1년밖에 되지 않아 또다시 인하된다면 업계의 반발이 더욱 심할 것이다.

그 대신 경영이 우량한 대형 대부업체들에 여러 수단을 통해 자발적으로 대출금리를 낮추도록 유도하고 있다. 더불어 햇살론과 같은 정책성 서민금융 상품의 대출금리를 상당 폭 낮춤으로써 대부업계의 자발적인 금리 인하를 촉구하는 것으로 비쳐진다.

🗨️ 하지만 뉴스를 들으니 그러한 정부의 노력도 별 효과가 없어 보인다. 대부업체들은 더 이상 금리를 내릴 여지가 없다고 한다. 저자의 입장은 어떤가? 서민금융과 소비자 분야 연구자로서의 입장은 어떤가?

🎙️ 사실 법정 최고금리 문제는 국내외 금융시장과 같은 거시경제적 관점과 실제 서민금융기관과 대부업체의 수익률 등을 면밀히 분석해 정부에서 결정할 사항이다.

하지만 세계적 초저금리추세 지속, 선진국들에서의 관련 규제, 최근 발표된 관련 업계의 수익률 수준, 서민·취약계층의 금융 부담 등을 종합적으로 고려해볼 때, 34.9%인 지금의 수준이 다소 높다고 판단된다. 앞으로 30% 수준, 가능하다면 25% 수준까지도 낮출 필요가 있다고 본다. 다시 말해, 현재보다 4.9%포인트 정도 낮추고 여건이 된다면 9.9%포인트까지도 인하하는 것이 바람직하다고 생각된다.

다만, 법정 최고금리와 같은 경제정책은 예측 가능성과 일관성, 지속성이 매우 중요하므로, 올해는 4.9%포인트 낮춘 30% 수준을 유지하되, 현실적 여건 등을 종합적으로 반영해 일정한 기간이 지난 시기에 5%포인트 범위에서 추가적으로 낮추는 것이 좋겠다.

🗨️ 그렇게 단정적으로 제안하는 이론적이고 현실적인 근거가 있나? 요즘은 세계적으로 초저금리 시대라는 것도 주된 이유가 되겠지만, 알기 쉽게 설명해달라.

🎙️ 가장 현실적 근거는 법상 규제 대상인 대부업체들의 수익률이 그다지 나쁘지 않다는 것이다. 오히려 은행이나 상호저축은행, 카드회사들보다 상대적으로 높은 수익률을 보이고 있다.

그동안 영세 대부업체들은 수익률이 악화되어 폐업하는 경우도 속출했지만, 대부시장의 대부분을 점하고 있는 대형 대부업체들은 순이익과 거래 고객이 상당히 증가했다.

특히 대형 대부업체들은 12%포인트 수준의 마진을 보는 등 일반 은행들보다 훨씬 높은 수익률을 보였다.

또 다른 근거는, 말씀하신 대로 세계적인 초저금리 추세가 상당기간 이어질 것으로 보인다는 점이다. 미국도, 유럽도, 일본도 지난 몇 년간 거의 '제로'금리 수준이다. 우리나라도 1년 전에 기준금리를 2.5%로 낮추었다. 지난해 8월과 10월에 0.25%포인트씩 낮췄고, 올 3월과 6월에 또다시 1.75%, 1.50%로 인하했다.

이러한 세계적인 초저금리 기조에서 파생되는 각종 예금과 대출이자 수준도 예년에 비해 상당히 낮아진 실정이다. 당연히 대부업체들의 자금 조달 금리도 낮아지므로 대출이자도 낮출 여력이 생기는 것이다.

🗨 말씀하신 사항 이외에, 좀 더 분석적인 측면에서 법정 최고금리 인하를 뒷받침할 논리가 있는가?

🎤 시장금리와 법정 최고금리와의 격차가 무려 30%포인트가 넘는 수준으로, 사상 최대로 벌어진 점을 주목할 필요가 있다. 시장금리와 이자제한법과의 격차도 22%나 벌어졌다.

과거, 시장금리와 최고금리 간 최고 격차를 보인 1983년의 25.8%포인트를 제외하면 그동안 그 격차가 그다지 크지 않았다. 이러한 시장금리와 법상 최고금리 간 격차의 추이를 보더라도 현재의 최고금리가 상당히 높은 수준이라고 생각된다.

좀 더 중요한 근거가 있다. 조금은 기술적인 사항이지만 앞서 언급한 대부업법과 이자제한법에서 정한 최고금리가 각각 34.9%와 25.0%로 차이가 있다는 점이다. 서민들이 주로 이용하는 서민금융 서비스임에도 등록대부업과 미등록대부업(사채) 간 최고금리 차이가 무려 9.9%포인트나 난다는 점이다. 이를 전문용어로 그레이 존(gray zone)이라고 하는데, 제도 시행에서 여러 문제를 초래한다. 두 법 간의 최고금리 수준을 좁히거나 일치시켜야 한다.

전문용어와 수치들로 인해서 독자들이 지루해할 수 있지만, 꼭 필요한 한 가지만 더 이야기하자. 다른 나라의 경우는 어떤가? 우리가 꼭 선진국들을 본받을 필요는 없지만 참고할 수는 있을 것이다.

이웃 나라 일본은 수십 년 전부터 이른바 '사라킹(さら金)'이라 불리는 위법적인 서민대출이 큰 사회적 문제가 되어 왔다. 수많은 사람들이 고금리의 대출로 고통받았고, 이를 비관해서 자살하는 경우도 속출했다. 그에 따라 2009년 말부터 강력한 대책을 펴오고 있는데, 대표적인 것이 대부업 금리 규제였다. 법상 최고금리를 기존의 29.2%에서 대출 액수에 따라 15~20%로 낮췄다.

미국의 경우는 연방 차원의 금리 상한 규제가 없다. 대신에 개별 주(州) 차원에서 평균 15% 내외의 금리 상한을 설정해 시행 중이다. 예를 들자면, 뉴욕 주는 연리 16%, 플로리다 주 18%, 캘리포니아 주 10%, 그리고 오하이오 주는 8% 수준이다.

유럽의 경우는 나라마다 다소 차이를 보인다. 독일은 민법에서 '과도한 이자'는 무효로 판단하는데 그 수준은 일정치 않다. 프랑스는 중앙은행이

고시하는 '금융회사의 평균금리'에 33.3%포인트를 초과하면 고리대차로 규정하여 금지한다고 한다.

🔊 공/감/문/답을 마무리하겠다. 지금까지 서민대출 법정금리 상한 문제를 살펴봤다. 저자는 여러 근거를 바탕으로 현재의 최고금리를 낮춰야 한다고 제안했는데 덧붙일 말씀이 있으면 짧게 부탁한다.

🎤 연구자의 입장에서 말씀드린 것이다. 대부업법에서의 현 최고금리 수준이 적정한지 여부, 그리고 인하할 경우 어느 정도 할 것인지 여부는 정부가 최종적으로 결정할 문제이다. 하지만 제시한 여러 근거와 시장에서 서민금융 소비자들의 고통을 고려하여 신속한 결정이 내려지기를 기대한다.

물론, 저자의 주장과 같이 법정금리 인하 시 한편으로 변제에 어려움을 겪는 한계적 서민들의 불법적 고금리 사채 의존율이 더욱 높아질 우려도 함께 고려해야 할 것이다.

간과해서는 안 되는 점은, 현장에서의 법정금리 상한을 지키지 않는 행위들, 특히 사금융(미등록대부, 사채)시장에서의 위법행위에 대해서는 실질적이 제재도 함께 강력히 추진해야 한다.

이에 더하여, 연체이자, 공제금, 수수료, 할인금, 사례금 등 그 명칭에 관계없이 대출 시 금융소비자가 부담하는 모든 비용은 현행법에 의해 전액 이자에 해당한다.

예를 들어, 약정한 대출이자가 34.4%인데, 대출소개료로 5%를 더 지불하도록 약정했다면 소비자가 지불한 이자는 35%가 아니라 40%라는 것이다. 이러한 경우 법정 최고금리인 34.9%보다 높으므로 당연히 불법이고, 초과된 금액은 언제든지 되돌려 받을 수 있다.

또한 해당 대부업자에 대한 형사처벌 역시 가능하다. 이러한 올바른 정보를 금융소비자들에게 제공할 의무를 대출자에게 지우는 것도 필요하다고 본다.

<hr />

출간을 며칠 앞두고 최종 교정을 보고 있는데 정부에서 "최고금리 29.9%로 인하 계획"을 발표했다. 연내에 대부업법을 개정하여 현행 34.9%에서 5%포인트 낮추겠다는 것이다. 나는 지난 4월초에 '서민금융 최고금리 인하의 필요성' 보고서를 작성했었다. 해당 정보가 정치권을 통해 언론에 전달되면서 서울경제와 한국일보, 이코노믹리뷰 등 온 · 오프 언론에서 기사화되었다. 정부와 대부업계 등의 요청에 따라 정보를 제공했으며 6월 초에는 모 신문에 '대부업 상한금리 이대로 좋은가?'라는 칼럼을 실기도 했다. 부분적으로나마 나의 의견이 정책에 반영되어 다행이다.

3/부

안락한 주거를
고민하다

01
치솟은 전세중개수수료

           길에서 허비하는 출퇴근 시간이 아까워 직장 가까운 곳으로 이사를 결심했다. 언론의 하이라이트를 받고 있는 전월세난의 와중에서도 다행히 살던 집과 이사 갈 집의 전세계약이 순조로워 보였다. 이사할 날짜가 서로 맞아떨어졌고 전세금도 올랐지만 감당할 수 없을 정도는 아니었다. 암초는 뜻하지 않은 곳에 있었다.

    살던 집 전세를 중개해준 부동산에서는 0.3% 수준의 중개수수료만 받겠다고 했다. 3억 원 미만의 전세금에 대한 중개수수료 법정 한도가 0.3%이고, 그 이상은 0.8% 이내에서 의뢰인과 협의하도록 되어 있다는 친절한 설명과 함께. 고마운 마음에 3억 1천만 원의 전세금에 적용되는 요율에 약간을 덧붙여 1백만 원을 중개수수료로 지불했다.

    그런데 이사 갈 아파트를 소개해준 부동산에서는 집주인과 나를 앞에 놓고 사전 협의도 없이 0.6%의 수수료를 내라 했다. 법적으로 0.8%를 받을 수도 있으며, 이 지역은 다 비슷하다고 했다. 앞서 소개한 고마운(!) 사례도 말했지만 도장 찍힌 계약서를 앞에 놓고 양보의 기미가 없다. 이런 수수료분쟁은 치솟은 전세금 못지않게 전월세 낭인들을 고통스럽게 한다.

몇 년 전까지만 해도 아파트 전세가가 3억 원을 초과하는 경우가 거의 없었지만, 이제 서울 지역 대부분의 아파트 전세가가 3억 원을 넘고 있다. 강남 11개 구뿐만 아니라 서민들이 살고 있는 국민주택규모(85제곱미터)의 전세도 3억 원이 넘는다. 2억 원의 전셋집에 살던 세입자가 과거에는 60만 원의 중개수수료를 부담했지만, 전세가가 올라 3억 원짜리 아파트로 이사할 때는 중개업자가 최고 240만 원을 요구해도 거절하기 어려운 상황이 된 것이다. 서로 협의할 수 있다고는 하지만, 어수룩하거나 궁박한 지경의 세입자는 피해를 보기 십상이다.

3억 원을 기점으로 수수료율이 3배 가까이 뛰는 것도 황당무계하지만, 3~6억 원 범위에서 0.4% 이하로 되어 있는 **매매중개수수료보다 더 높은 전세중개수수료를 내도록 되어 있는 것도 모순**이 아닐 수 없다.

이런 문제점 때문에 정부에서도 지난해 중개수수료 개편 방안을 발표했다. 3~6억 원 전세는 0.4% 요율을 적용하겠다는 것이다. 주거용 오피스텔은 이미 그 수준에서 시행되고 있다. 하지만 시·도 조례 개정이 미뤄져왔고, 또 2015년 4월 현재까지도 이루어지지 않은 지역이 남아 있어 분쟁의 소지가 남아 있다.

더욱더 황당한 것은 언론에서는 '반값 중개수수료'라는 기사로 소비자들을 오인하게 하고 있는 점이다. 위에서 피력한 부분적인 모순만 정부나 지자체에서 해소하려 하는 차원임에도 언론에서는 기존의 부동산중개수수료가 마치 절반으로 낮춰지는 것으로 보도의 제목을 다는 바람에 소비자와 중개업자 간의 또 다른 갈등의 소지를 제공했다. 촌극으로 웃고 넘길 수 있지만 언론의 이런 보도 행태가 도무지 이해되지 않는다.

부동산중개수수료율 ◈ 하나 개정이 아직 경기도와 서울, 인천 등 몇몇 지자체에서만 이루어진 시점에서 주택임대 소비자의 입장에서 정부와 중개업계에 제안하고자 한다.

우선 중개수수료율제도를 도입한 당초의 취지에 맞게 요율이 조정되기를 희망한다. **치솟은 전세가에 맞추어 현행 상한요율 0.3% 구간을 1억 원 이상~6억 원 미만으로 늘리되 그 이상은 현행과 같이 0.8% 이하에서 협의해 결정토록 하면 될 것이다.** 중개업계에서도 고공행진 전세가로 인한 서민과 중산층의 부담을 감안해 제도 개정 이전에라도 그 수준의 중개수수료를 받아들이면 서로 티격태격할 일이 줄어들 것이다.

늘어나는 모바일 중개나 온라인 직거래로 기존 중개업의 입지가 좁아지고 있는 마당에 중개수수료를 둘러싼 분쟁이 늘어나면 업계에 대한 소비자인식도 악화될 수 있다. 수수료율 개정에 관한 지방 조례들이 하루빨리 통과되어 중개료를 둘러싼 문제가 해소되기를 기대해본다.

야무진 소비자가 간과해서는 안 되는 점이 있다. 법에서 정해놓은 수수료율은 말 그대로 '상한요율(upper limit)'이라는 것이다. 다시 말해 그 범위 내에서 소비자와 중개인 간에 서로 협의하여 적정 중개수수료를 도출하면 된다는 말이다. 주택임대를 의뢰할 시점에 미리 수수료율을 상의하고 진행하는 것이 바람직하지만, 그렇지 못했을 경우에도 중개인이 요구하는 것을 모두 받아들일 의무는 없는 것이다. [이 글은 조선일보(2015년 1월 27일자)에 실린 나의 글을 바탕으로 했다. 필자의 의견이 포함된 몇몇 문단은 지면제약으로 잘려 아쉬웠지만 적절한 시점에 신문의 독자들과도 함께할 수 있어서 다행이었다.]

부동산중개수수료율

아파트와 같은 부동산의 매매와 임대차 거래를 중개하는 공인중개사나 중개인(복덕방)에 지불하는 수수료를 말한다. 현행 법정수수료율은 '매매 · 교환은 거래가액의 0.15~0.9% 이내, 임대차는 0.15~0.8% 이내'로 규정돼 있다. 이 범위에서 각 지방자치단체장이 시 · 도 조례로 구체적인 수수료율을 정하게 된다. 하지만 전국의 지방자치단체들은 모두 서울시의 요율 체계를 따르고 있는 실정이다.

2015년 6월 16일 현재 개정된 서울시의 주택 중개수수료율은 다음 표와 같다. 중개수수료는 거래 금액에 이 요율을 곱한 금액으로 하되 한도액 범위를 초과해서는 안 된다.

거래 내용	거래 금액	상한요율	한도액
매매 · 교환	5천만 원 미만	0.6%	25만 원
	5천만 원~2억 원 미만	0.5%	80만 원
	2억 원~6억 원 미만	0.4%	–
	6억 원 이상~9억 원 미만	0.5%	
	9억 원 이상	0.9% 이하 상호협의	
전월세	5천만 원 미만	0.5%	20만 원
	5천만 원~1억 원 미만	0.4%	30만 원
	1억 원~3억 원 미만	0.3%	–
	3억 원 이상~6억 원 미만	0.4%	
	6억 원 이상	0.8% 이하 상호협의	

하지만 이러한 법정수수료율과 지방자치단체 조례가 그대로 지켜지지 않는 경우가 많으며, 수수료를 둘러싼 분쟁도 심심찮게 일어나고 있다. 지난 1984년 제정된 중개수수료율이 지금까지도 그 틀이 유지되어 요율이 현실화되지 않고 있기 때문이다.

렌트푸어(rent-poor):
전세대란

전세대란

아이들 교육문제로 살던 지역을 떠나지 못한다는 한 지인은 요즘의 전세난에 뾰족한 대책이 없냐고 물어왔다. 수도권의 웬만한 아파트 한 채를 살 수 있는 거금의 전세금을 더 올려달라고 해서 울며 겨자 먹기로 대출을 받아 해결했다고 한다. 화장실의 낡은 양변기나 부서진 지 오래된 것 같은 방충망도 **세입자가 알아서 고쳐 쓰든지 아니면 그냥 살든지 하란다며, 완전히 공급자 위주의 시장이**라고 혀를 찼다.

지난 이태 동안 사회면의 주된 쟁점은 '전세난'이었다. 신문지상에는 전세대란의 원인이 무엇인지 과거와 어떻게 다른지, 그리고 어떤 대책이 필요한지에 관한 기획 기사와 전문가 글들이 자주 오르내린다. 나도 서민주택 문제와 해법을 고심해오던 터라 관심 있게 보고 있지만, 속 시원한 대안이 눈이 띄지 않아 답답하다.

이른바 '전세대란'의 실체는, 2013년 8~9월 이사철에 급등 조짐을 보였던 전셋값이 비수기인 연말연시가 지나면서도 연속적인 상승세를 이어가, 최근에는 집값의 60~80% 수준으로 뛰어오름으로써 서민가계의 부담이 크게 증가된 것이다. 여기다가 집주인들이 전세를 월세로 바꾸는 바람에 전세입자 서민가계의 부담이 크게 늘었고, 더딘 경기회복과 농산물 가격파동이 겹쳐 서민가계의 주름살이 더욱 깊어지게 된 것이다.

그동안 집값이나 전세가의 오르내림은 일정한 기간을 두고 반복되어 왔다. 이른바 거미집이론(cobweb theorem)으로 불리는 주택시장의 수급불균형이 주된 원인이었다.

하지만 이번에 유독 심각해 보이는 배경에는 몇 가지 이유가 있다. 그중 하나는 신규주택과 전세용 임대주택의 공급 부족에 따른 세입자들의 불안심리가 촉발되어 앞당겨 전세를 얻으려는 가수요 심리가 크게 늘었다는 점이다. 집주인들이 저금리 추세로 재산이익이 줄어들자 이를 보전할 요량으로 은행이자보다 높은 임대수익이 가능한 월세로 전환하려 하는 점도 전셋값 상승의 원인이 됐다. 물론 2014년 초 시행되었던 전세보증금에 대한 소득세 과세 조치도 월세전환 움직임에 적지만 영향을 미쳤다.

현실적으로는 장기간에 걸친 주택가격의 하향 안정화의 여파로 자금 여력이 있는 사람들도 집을 사기보다는 전세를 선호하고 있다. 이런 경향도 그동안 수도권 중심의 전세가격이 폭등한 주된 요인이다.

초기에는 별다른 대책이 필요 없다던 정부도 지난 2년간 수차례의 전월세 안정 대책을 발표했다. 처음에는 임대주택 공급시기를 앞당기고 다가구 건설자금을 저리로 융자해주는 등 주로 소형 위주 공급확대 정책(1·13 대책)을 폈다. 예상과 달리 전셋값 상승세가 꺾이지 않자 단기적 효과를 기대하는 전세 대책을 추가로 내놓기도 했다. 2013년의 8·28 대책에 이어 이듬해인 2014년의 2·26 전월세 대책과 2015년의 1·13 주거 대책까지 두세 달에 한 번 꼴로 전월세 대책이 발표됐다. 이러한 정부 대책에 대한 전문가들의 공통된 견해는 '즉시적인 효과는 없을 것'이라는 것이다. 오히려 풀리는 전세자금으로 전세가가 높아져 저소득 서민의 빚만 늘릴 수도 있다는 부정적 견해도 없지 않다.

눈에 띄는 효과가 있는 정책을 보여주고 싶은 점은 정치권과는 입장차는 있지만 정부도 마찬가지일 것이다. 문제는 현시점에서 문제를 잠재울 확실한 정책 대안이 마땅치 않다는 점이다. 주택임대차 대책을 포함한 부동산정책은 어느 정부에서나 뜨거운 감자다. 고심하여 내놓은 정책의 효과는 고사하고 기대와는 정반대 효과로 정책 당국을 당혹스럽게 하는 경우가 적지 않다.

전세가를 포함한 주택임차료 문제는 장기적으로는 시장에 맡기는 것이 현명한 정책이다. 그렇더라도 임대주택에 대한 시장수급, 임대료 등락의 실질적 원인 등에 관한 정보를 적시에 제공하고 시장에서 잘 기능하지 않는 저소득층을 위한 임대주택의 공급과 임대료규제와 같은 역할은 정부의 몫이다.

이러한 정부 역할의 하나로, 서민의 주거복지 차원에서 몇 가지 방안들을 긍정적으로 검토할 수 있겠다.

우선, 최근의 연이은 서울시 등 지자체와 중앙정부의 공공(임대)주택의 공급확대 계획 발표와 같이 서민용 주택 공급이 지속될 것이라는 시그널을 시장에 계속 보내는 것이 좋다. 그렇게 함으로써 중·장기적으로 서민주택의 수급불균형 문제가 해소되고, 서민층 주거안정에 도움이 될 것이다.

요즘과 같은 저금리와 집값 안정기에는 주택 매매나 월세보다는 전세를 선호하는 경향이 뚜렷하다. 이럴 경우 주택 매매수요를 확대하는 대책을 제시함으로써 적어도 단기적으로는 전세 수요를 줄여줄 수 있다. 물론 그동안 수많은 정책

실패(!)를 경험했듯이 인위적인 주택시장 부양정책에는 여러 부작용이 따른다.

공정한 임대수익률이 정착되도록 하는 제도적 방안도 생각해볼 문제이다. 전세대란의 한 원인인 전세의 월세전환 추세를 늦추려면 전환하더라도 임대수익이 별반 늘어나지 않도록 유도하는 것이다. 예컨대 월세수익률이 시중금리의 일정 비율을 넘지 않도록 할 수만 있다면 월세를 선호하는 집주인의 수가 크게 늘지 않을 것이다.

중·대형 주택의 구조변경을 허용함으로써 셋집 수를 늘리자는 일각에서의 주장은 실익이 없어 보인다. 상가와 같이 임대료 상승률의 상한을 두자는 견해 역시 경제원칙을 무시한 정치권의 유권자의 표를 의식한 '표퓰리즘'에 불과하다. 싱가포르와 같은 공공(임대)주택 시스템 아래서는 효과가 있지만 우리와 같은 민간 위주의 주택시장에서는 그 효과가 거의 없으며, 오히려 임대료의 일시적 폭등과 같은 부작용만 키울 것이다.

무주택자의 내 집 마련의 밑천으로, 집주인의 집 규모 확대의 수단으로 활용되어 온 우리만의 '전세' 브랜드는 주택가격의 안정세가 지속된다면 점차 반전세 내지 월세화되어 갈 것이다. 이에 대비한 정부의 중장기적인 서민주택정책이 필요한 시점이다.

유감스러운 전월세 대책

전월세 문제가 신문지면을 덮고 있다. 하늘 높은 줄 모르고 치솟는 집값과 빚 내서라도 사두면 돈이 되던 아파트는 전설(傳說)이 된 지 오래다. 불과 몇 달 전까지 집 없는 서러움보다는 집이 있어도 빈곤을 면치 못하는 하우스푸어(house-poor)의 눈물이 사회적 이슈였는데, 지금은 전셋값 폭등에 따른 렌트푸어(rent-poor)가 쟁점의 중심에 섰다.

전월세난 해소와 거래활성화를 위한 수많은 정책이 그동안 발표되고 시행되었다. 지난해에는 거의 매달 정책이 쏟아졌고, 새 정부 들어서도 9차례의 굵직한 대책들이 있었다. 한마디로 '백약이 무효'인 감이 없지 않다. 취득세를 감면했더니 시한이 끝남과 동시에 거래가 단절되고, 전세자금을 지원했더니 전세금이 따라 올라 렌트푸어 문제를 키우고 있다. 전월세 상한제가 유일한 해법이라는 일부 정치권 주장에 맞서 다주택자 중과세 폐지가 우선돼야 한다는 목소리가 높았다. 제갈공명이라도 묘책을 찾지 못할 상황이다.

그런데 지난 2013년에 발표된 8·28 대책에는 거래회복에 기여한 몇 가지 정책이 있었다. 우선 이름도 생소한 수익공유형 모기지와 손익공유형 모기지 하나이다. 전월세보다 저렴한 비용으로 무주택자에게 내 집을 마련토록 해주는 파격적이고 혁신적인 금융 지원이다. 집값이 오를 가능성이 거의 없는 상태에서 자본이득을 기대하지 않는 대신에 낮은 이자와 안정적 장기거주를 바라는 많은 무주택 서민들이 관심을 가질 것이 분명하다. 그런데 군이 국민주택 이하나 생애 최초 구입자로 한정할 필요가 있었을까? 주택기금이 부족하더라도 현재 무주택자이거나 일정 금액 이하의 집에 대해 혜택을 줄 방도를 찾으면 있을 것으로 본다.

취득세율을 과감히 낮춘 것은 정말 잘한 일이다. 내 생각은 집값에 상관없이 1% 수준으로 낮춰지길 바랐지만, 사실 전국 아파트의 9할이 6억 원 이하라고 하니 세율 인하로 인한 혜택은 주택을 사고자 하는 대부분의 서민에게 돌아갈 것이다. 취득세 인하에 따른 부족한 지방세원이 문제가 되지만, 래퍼곡선 로으로도 설명되듯 세금 인하로 부동산 거래가 늘어나면 세수가 늘 수도 있는 것이다.

전월세 대책과 관련해 덧붙일 점은 위에서도 잠깐 얘기했지만 임대주택의 공급이 획기적으로 늘어나야 하는 점이다. 정부의 공공임대주택, 행복주택, 서민주택만 가지고는 수요 충족이 어려울 뿐 아니라 임대시장을 왜곡할 수 있다. 지역주민의 님비(NIMBY)현상 셋과 지방선거 등으로 공공임대주택의 공급도 원활하지 못할 수 있다.

대안은 민간의 임대사업이다. 다주택 개인의 임대사업뿐 아니라 일본과 같은 기업형 임대사업이 자리 잡아서 서민들이 이용할 임대주택이 시장에 많이 나와야 한다. 정부의 과감한 지원과 규제 완화가 필요한 부분이다.

전월세시장은 경제 환경뿐 아니라 계절적 요인과 같은 여러 변수의 영향을 받는다. 따라서 정부 대책들도 단기간 내 시장을 안정시키는 데는 한계가 있다. 가장 큰 변수는 관련법 개정과 같은 대책의 후속 처리이다.

어떤 정책이든지 적절한 시점을 놓치면 정책의 기대 효과가 줄거나 아예 없어질 수 있다. 아니 없느니보다 못한 경우도 있다. 공급의 탄력성이 매우 낮은 주택이나 임대 서비스를 대상으로 하는 정책은 더더욱 그렇다. 전월세 문제로 고통받는 국민들을 위한 큰 정치의 면모를 이번 정기국회에는 볼 수 있기를 기대한다. [국민일보(2013년 9월 10일자 23면)에 게재된 필자의 글도 내용 중에 일부 포함되어 있다.]

TIP 하나 ～～～～～～～～～～～～～～～～～～～～～～～～～～

공유형 모기지

지난 2013년 여름, 정부에서는 '공유형 모기지 대출' 등 주거안정 정책을 발표하고 지금까지 시행 중에 있다. 무주택 서민이 구입할 주택의 최대 40%까지 정부의 주택기금으로부터 1~2%의 저리로 대출받아 집을 사되 손익을 공유하는 방식(손익공유형 모기지론)과 집값의 70%까지 1.5%의 저리의 모기지를 주택기금으로부터 공급받되 손실은 소비자가 모두 부담하고 수익만 공유하는 방식(수익공유형 모기지) 등 두 가지 공유형 모기지 상품이 있다.

워낙 낮은 금리인데다가 수혜대상이 5년 이상 무주택자로 확대되어 공유형 모기지의 인기가 제법 높아진 듯하다.

 둘

래퍼곡선(Laffer Curve)

래퍼곡선은 세율에 따라 조세수입이 변하게 되는 관계를 이론적으로 나타낸 곡선이다. 미국의 경제학자 래퍼(Arthur Laffer)는 정치인들과 식사를 하면서 이 그림을 냅킨에 그려 설명한 것으로 전해지고 있다.

간단히 말해 세율을 높이면 세수입이 늘어나지만, 마냥 세수가 늘어

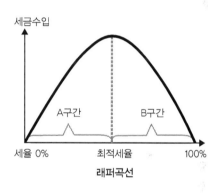

래퍼곡선

나는 것이 아니라는 것이다. 그림에서 보듯이 세율이 일정 수준보다 높게 되면 소득의 많은 부분이 세금으로 나가기 때문에 근로 의욕이 떨어지고, 궁극적으로 총 생산이 감소하여 세금을 부과할 소득이 줄어들어 결국 세수입도 줄어든다는 것이다.

 셋

님비(NIMBY)현상

"내 뒷마당에는 절대 안 돼!(Not In My Back Yard!)"라는 말의 머리글자를 따서 'NIMBY'라고 부른다. 흔히 자기중심적으로 공공정신이 결핍된 현상을 빗대어 말할 때 종종 사용되는 표현이다. 사람들은 환경보호를 주장하고 쓰레기 매립장과 같은 공공시설의 신속한

설치를 행정 당국에 요구하지만 정작 자기 지역에는 '절대 안 된다'는 이기적인 행동을 님비현상으로 나타낸다.

이와 비슷한 말로 '핌피현상'이라는 말이 있다. "제발 내 앞마당에 부탁해요(Please in My Front Yard)"라는 말의 약칭인 'PIMFY'는 자신의 지역에 도서관이나 공원, 대기업 본사와 같은 좋은 시설을 지어달라는 말이다.

03

역대 부동산정책에서
지혜를 엿보다

주택시장의 침체에 따른 이른바 하우스푸어, 렌트
푸어 ✎ 하나 현상이 박근혜 정부에서도 지속되고 있다. 이는 가까이에는 이명박
정부에서의 잦은 정책발표와 정책방향의 혼선, 멀리는 수십 년간 지속적으로 되
풀이되어 온 역대 정부에서의 규제와 부양 정책의 영향도 적지 않았을 것이다.

타 분야와 달리 **부동산은 계절적 요인과 수급불균형 등 여러 특성으로 인해
시장실패(market failure)가 발생하기 쉬우며 따라서 각종 규제와 지원의 형태로 정
부 개입이 불가피한 분야**이다. 하지만 타이밍을 놓치거나 지나친 개입은 오히려
가격 폭등폭락이나 거래실종 등 부작용을 초래하기 십상이다. 발등의 불을 끄려
는 단기성 정책이나 일관성 없는 대응 역시 문제의 심각성을 키우게 된다.

다행히 새 경제팀의 '내수활성화 정책'으로 주택 거래가 많이 늘었고 집값도
상향 안정세를 보이고 있다. 전문가들도 거래 가격과 거래량이 수도권과 지방
모두 좋아질 것이라고 한다.

지금의 부동산정책에 대한 평가는 부동산의 본질적 특성뿐 아니라 과거 정책들에 대한 이해와 판단도 필수적이다. 앞으로 어떤 방향으로 얼마나 강력하게 정책을 추진할 것인지도 마찬가지이다.

역대 정부의 부동산정책 패턴

박근혜 정부 출범 이후 2년 동안에도 부동산에 관련된 대책이 9번 ✍️ 톨이나 나왔다. 5번은 현오석 전 경제부총리가 이끄는 1기 경제팀의 부동산시장 정상화와 전월세 대책이었고 나머지는 최경환 경제팀의 부동산경기 활성화 대책이었다고 볼 수 있다.

지금의 부동산이나 주택 문제는 작금의 정치, 경제, 사회적 여건뿐 아니라 과거 정책들과도 밀접한 관련이 있다. 역대 정부의 부동산정책을 보면 '투기억제를 위한 규제 강화'와 '경기부양을 노린 규제 완화'가 주기적으로 되풀이되는 양상이었다.

1967년의 '부동산 투기억제 특별조치법'이 최초의 부동산 대책이었으며, 그 후 1978년의 부동산 대책 등 '억제'와 '부양' 대책이 반복되었다.

전두환 정부(1980~1987)는 부동산을 경기조절 수단으로 활용한 측면이 강하다. 경기 활성화를 위한 '주택경기 활성화조치(1979)' 이후에는 바로 규제들을 강화했다가 다시 완화로 돌아섰다.

노태우 정부(1987~1993)에서는 강경한 부동산 투기억제 대책을 추진했으며, 1989년에 주택 200만 호 건설계획을 발표했고 1990년에는 토지공개념제도도 도입했다.

김영삼 정부(1993~1998)에서는 이전 정부의 투기억제 대책의 영향으로 다행히 부동산시장이 다소 안정되었다. 따라서 금융실명제와 함께 차명 부동산 거래를 전면 금지한 부동산 실명제를 시행하는 등 큰 부담 없이 투기억제 정책으로 전환할 수 있었다. 하지만 후반기에 가서는 부동산경기가 급격히 악화되었다.

김대중 정부(1998~2003)에서는 IMF 위기를 극복하고자 부동산시장을 활용한 측면이 강하다. 1998년의 '건설·부동산 활성화 대책'을 통해 양도소득세를 한시적으로 폐지하고 분양가를 자율화했으며 전매를 전면적으로 허용했다. 또 청약 자격제한을 완화하고 택지소유 상한제를 폐지했으며 무주택우선공급제를 폐지하는 등 기존의 각종 규제를 없애거나 완화했다. 특히 담보인정비율(LTV) 🖊셋을 실거래가 기준으로 80%까지 허용함으로써 부동산시장이 급속히 과열되는 단초를 제공했다.

노무현 정부(2003~2008)에서는 과열된 부동산시장을 억제하기 위해 많은 규제가 도입되고 강화되었는데, 주로 부동산에 대한 수요를 억제하는 데 방향을 맞췄다. 특징 중의 하나는 이른바 버블세븐지역을 타깃으로 한 조세나 금융을 통한 억제 정책이 많았다는 점이다. 이때 실거래가를 기준으로 한 과세표준이 시행되었고, 종합부동산세를 도입했다. 또한 다주택자에 대한 양도소득세를 높이고, 김대중 정부에서의 LTV 규제를 강화하는 데 더해 DTI 규제를 적용했으며 분양가 상한제를 시행했다. 한마디로 초강력 부동산 규제책들을 총동원했다. 이에 더해 혁신도시, 기업도시, 행복도시, 수도권 2기 신도시 건설 등 각종 개발정책으로 인해 전국의 땅값이 들썩거리는 등 부동산시장이 과열되었다.

직전 정부에서는 어떠했을까? 이명박 정부(2008~2012)에서는 2008년의 6·11 대책 이후 굵직한 경우만 해도 총 17회의 부동산 대책이 남발되었다. 침체된 주택시장을 회복시키기 위해 종합부동산세를 줄이고 공급을 늘렸다. 규제도 풀어주고 미분양 해소책도 추진했다. 하지만 수도권의 집값이 폭락하고 거래가 끊겼으며 전월세 대란을 초래했다. 이른바 하우스푸어와 렌트푸어, 깡통주택이라는 신조어들이 유행했다.

개략적으로 살펴봤지만, 역대 정부의 정책들에서는 어떤 패턴을 읽을 수 있다. 시장과열과 투기를 막기 위한 억제책과 경기 활성화를 위한 부양책이 지속적으로 되풀이되어 온 것이다. 부동산시장의 상승기에는 어김없이 억제정책을, 안정기나 침체기에는 부양정책을 폈다.

해당 정부	노태우	김영삼	김대중	노무현	이명박	박근혜
주택시장	호황	안정→침체	침체→안정	호황	안정→침체	침체→안정
정책패턴	억제	약한 억제	부양	강한 억제	억제→부양	부양

문제는, 대책들의 효과가 짧게는 수개월에서 길게는 수년의 시차를 두고 나타남에도 불구하고 **집권 기간 내 가시적인 결과를 얻기 위한 무리한 시도가 많았다**는 점이다. 예컨대 김대중 정부에서의 부양책들의 효과는 정권 말기에 겨우 나타나 노무현 정부에서 집중적으로 발생했다.

이에 대한 대응이 가관이었다. 여러 억제 대책에도 가시적 효과가 없자 점차 더 강한 규제책들을 쏟아냈고, 정권 말기까지 전혀 힘을 발휘하지 못했다. 오히려 이명박 정부에서 부동산경기가 급격히 침체되는 결과를 초래했다(물론 '글로벌 금융위기'와 같은 외부 요인도 크게 작용했다).

온고지신(溫故知新)의 지혜

지난해 하반기 발표된 최경환 경제팀의 7·24 대책의 핵심은 LTV와 DTI 완화 등 시장과열기에 도입된 규제들을 풀어 주택시장을 정상화하는 것이다. 이른 바 '초이노믹스' 넷에 대한 기대감이 시장에 반영되어 주택의 거래량과 가격이 점차 오르는 추세이고 전문가들의 전망도 긍정적이다.

하지만 정부의 부양 정책들이 실행될 것이라는 일시적 기대감이 반영된 단기적 효과일 뿐이라는 부정적 평가도 있다. 만일 해당 법 개정이 무산되거나 늦어지게 되면 실망에 따른 부작용이 더 커질 수 있다는 우려도 없지 않다.

사실 박근혜 정부 초기의 부동산정책 중에는 시장을 제대로 읽지 못한 실책이 적지 않다는 지적도 있다. 목돈 안 드는 전세제도를 폐지한 것은 비록 렌트푸어 문제를 풀기 위한 고육책이었더라도 시장거래를 살리기 위한 정책방침에는 역행하지 않았나 싶다. 결국 없던 일이 되었지만 전월세 소득에 대한 과세방침 역시 투명한 과세 차원의 경제정책으로는 올바른 방향이었다고 보더라도 타이밍과 여론의 반향을 충분히 고려하지 못한 실책이었다. 이와 같은 판단 실수가 되풀이되어서는 곤란하다.

더불어서 역대 정부에서의 정책들의 성패를 투영해볼 필요가 있다. 발등의 불을 끄기 위한 단기적 정책에는 부동산의 특성과 시장반응의 시차 등으로 인해 심각한 부작용이 초래되었음을 잊어서는 안 된다. 노무현 정부에서의 '규제→효과 상반→강한 규제→효과 미미→초강력 규제'의 경우도 원하던 안정을 얻지 못했다. 이명박 정부의 경우도 출범 초기 직전 정부 정책의 효과에 대한 불명확한 판단과 정책 남발이 기대하는 효과를 얻지도 못하고 시장에 대한 신뢰가 무너지는 결과를 낳았다.

현 정부의 주택정책 역시 이러한 역대 정부의 정책 사이클에 무관하지 않은 측면이 있다. 예측 가능하고 일관된 정책방향과 지속성을 통해 부동산시장에 대한 경제주체들의 신뢰를 회복하는 것이 무엇보다 중요하다.

 하나 ～～～～～～～～～～～～～～～～～～～～～～～～～～～～～～

하우스푸어(house poor), 렌트푸어(rent poor)

요즘 언론에서 하우스푸어, 렌트푸어란 말이 자주 등장한다. '집 있는 가구 10% 이상이 그 집 때문에 가난하게 사는 하우스푸어'란다. 경기가 좋을 때 대출받아 산 집이 경기침체에 따른 주택가격 하락과 거래의 실종으로 집이 원수가 된 것이다. 한마디로 '집 가진 가난뱅이'인 것이다. 나도 이 10%에 속한다.

그래도 팔 집이 있는 하우스푸어는 집 없는 빈곤층을 의미하는 하우스리스푸어(house-less poor)보다는 문제가 덜하다. 크게 오른 전세나 월세로 인해 소득의 대부분을 주거비로 쓰느라 저축할 여력이 없이 사는 사람들을 렌트푸어라고 한다. 하우스푸어의 전세판으로 보면 된다.

집이 없어도 불안하고 집이 있어도 괴로운 서민들은 무엇보다 주택시장이 정상화되기를 바란다. 내놓은 집이 제값에 팔리고 전월세 가격이 안정되기를 기대해본다.

 둘 ～～～～～～～～～～～～～～～～～～～～～～～～～～～～～～

박근혜 정부 부동산 대책의 발표 시기와 주요 내용

발표 일시	대책명	주요 내용
2013. 4. 1	4·1 대책	양도·취득세 면제 및 거래세 완화를 통한 전세→매매 유도
2013. 7. 24	7·24 후속 대책	공공분양물량 축소를 통해 공급과잉 해소 및 준공 후 미분양 감소

2013. 8. 28	8 · 28 전월세 대책	공유형 모기지, 취득세 인하 등을 통해 전세수요 매매 전환 유도
2013. 12. 3	12 · 3 후속 조치	목돈 안 드는 전세제도 폐지를 통해 렌트푸어 지원
2014. 2. 26	2 · 26 대책	전월세 소득 과세를 통한 과세 투명화
2014. 7. 24	7 · 24 대책	LTV · DTI 규제 완화, 실수요자 범위 및 지원 확대, 주택 공급규제 개선
2014. 7. 30	7 · 30 후속 조치	디딤돌대출 지원대상 확대, 청약제도 전면개편 방안 마련, 조속한 법령개정
2014. 9. 1	9 · 1 부동산 대책	재건축규제 합리화, 임대주택 공급확대, 무주택서민 주거비부담 완화
2015. 1. 13	1 · 13 주거 대책	기업형 임대주택 육성(뉴스테이 정책), 중산층 주거선택권 확대

 셋

LTV와 DTI 대출규제

LTV란 Loan-to-Value Ratio의 약자로, 은행에서 대출해줄 때 담보물의 가격에 대비하여 인정해주는 주택담보 대출비율을 말한다. 예를 들어, LTV가 80%라는 말은 시가 1억 원의 주택에 대해서는 8천만 원까지 대출이 가능하다는 의미이다.

DTI란 Debt-to-Income Ratio의 약자로, 금융부채 상환능력을 대출자의 소득으로 따져서 대출한도를 정하는 총부채 상환비율을 말한다. 다시 말해, 갚아야 하는 대출금 원금과 이자가 개인의 연소득에서 차지하는 비중을 의미한다.

 넷

초이노믹스

'~노믹스'와 '~리즘'이 유행어가 된 지 오래다. 공급중시경제의 레이거노믹스, 영국 경제의 재생을 꾀했던 대처 수상의 사회 경제정책을 총칭하는 대처리즘, 아베 신조 수상의 경기부양책을 나타내는 아베노믹스가 대표적이다.

초이노믹스는 최경환 경제부총리 중심의 박근혜 정부 2기 경제팀의 경제정책 방향을 대표하는 용어이며, 내수활성화, 민생안정, 경제혁신을 표방하는 정책들을 제시하고 있다. 초이노믹스가 어떤 방향으로 진행될지 지켜볼 일이다. [이 글에서의 맥락을 살린 짧은 글이 조선일보(2014년 9월 2일자)에 실렸다. 관심 있는 독자는 인터넷에서 "부동산시장, 신뢰 회복이 우선"이라는 제목을 검색해보기 바란다.]

04

주택정책,
국민 신뢰를 우선으로

시장 여건과 시점 판단이 분명치 않거나 대책을 위한 대책 사례도 있었지만 박근혜 정부의 주택정책이 일정 부분 성과를 내고 있는 것만은 분명하다. 시장 정상화를 위한 대책들로 인해 주택 거래가 상당히 늘고 있고 집값도 안정된 편이다. 지난 연말 국회에서 통과된 주택 3법 등의 후속처리 등 법·제도적 뒷받침이 확대된다면 앞으로도 이러한 추세가 이어질 것이다.

하지만 주거안정 측면에서의 대책은 특히 전월세 거주자의 불만이 높아지는 등 정책에 대한 부정적 관점이 우세하다. 국민의 관점에서도 이와 다르지 않음을 필자가 실시했던 최근의 설문조사에서도 확인할 수 있었다.

조사결과 국민들은 전월세 가격 상승을 불안해하고 있으며 정부에서 전월세 가격 안정을 최우선 정책으로 다뤄줄 것을 바라고 있다. 또한 저소득 서민을 위한 공공주택과 임대주택을 늘려줄 것을 요망하고 있다. 따라서 앞으로는 무엇보다 주거안정을 중시하는 방향으로 주택정책의 패러다임이 바뀌어야 한다. 국내

외 경기침체로 주거소비자의 실질소득이 감소되어 주택구입을 포함한 주거비 지출 여력이 크게 줄어들었다. 앞서 언급한 조사결과를 보니, 향후 1년간 주택을 구입할 자금이 있는 경우는 전체의 27.2%였지만 실제로 구입의사가 있는 경우는 8.5%에 불과했다. 덧붙여 과거에 비해 주택소유 개념이 약해진 반면, 임차와 소형주택을 선호하는 경향이다. 그러므로 **임대차가격 안정과 임대지원 확대 등 보편적 주거복지의 향상에 정책의 초점이 맞춰져야 한다.**

사실, 작금의 전세품귀와 전세가의 고공행진은 시장이자율 하락에 따른 전세의 월세전환 가속이 주원인이며, 이는 전세뿐 아니라 월세와 반전세 형태의 임대차가격에도 영향을 미친다. 따라서 전세가 안정에만 초점을 맞춘 대책은 자칫 더 큰 부작용을 야기할 우려가 있다.

현시점에서 전세가격 급등 문제를 잠재울 마땅한 방안은 없어 보이며 장기적으로는 시장에 맡기는 것이 현명한 대책이다. **하지만 단기적으로는 서민을 위한 매입임대주택의 공급을 늘리고 전월세전환율의 상한을 낮추는 등의 대응이 필수이다.**

공공임대주택의 공급확대는 예산제약으로 단기 실현이 쉽지 않으므로, 민간임대주택의 공급을 확대하는 방안이 보다 현실적이다. 추진 중인 준공공임대주택의 공급을 늘리고 주택임대관리업제도를 안착시키며, 임대주택리츠를 활성화함으로써 민간을 통한 임대주택의 공급을 늘려나가야 한다.

무엇보다 중요한 점은 정책에 대한 국민의 신뢰를 얻는 것이다. 그러기 위해서는 내놓은 각종 대책들을 일관성 있게 추진하고 모니터링하되, 시장기능이 기초가 되는 것이 바람직하다.

기본적으로는 시장자율의 기능에 맡기되 관련된 제도의 범위 내에서 지원하고 규제는 최소화하는 것이 옳다. 이미 추진 중인 주택정책들은 특별한 사유가 없는 한 지속되어야 한다. 정책의 일관성과 지속성을 통해 주택시장에 대한 기대와 신뢰가 담보될 수 있으며, 이는 곧 시장기능의 원활한 작동을 의미한다. [이 글은 당초 조선일보에 기고하기 위해 2015년 초에 작성했지만, 차일피일 기고를 미루다 지인이 맡고 있는 '공감신문'이라는 주간저널의 창간호(2015년 3월 8일) 칼럼 원고 요청에 떠밀려 기고하게 되었다.]

05

전월세 상한제의 허와 실

　　"주택임대료규제는 임대시장을 위축시키고 주택의 품질을 떨어뜨린다." 경제학원론서에 나와 있는 가격상한제(price ceiling) 하나 라는 이름의 경제상식이다. 정부가 전세나 월세의 연간 인상률을 제한하면 임대수익이 떨어지니 임대주택의 공급이 줄 뿐만 아니라 낮은 품질의 주택만 임대시장에 매물로 나오게 된다는 논리이다.

　　또다시 불거진 전세대란에 대응한 여러 차례의 정부대책이 먹혀들지 않자, 급기야 정치권에서 나섰다. 진보 성향의 정당에서 전월세 인상률을 일정 수준으로 제한하는 이른바 전월세 상한제 법안을 2012년 초 국회에 제출했었다. 연간 전월세 인상률을 5%로 제한하고, 임대차 계약기간 갱신을 4년에서 6년까지 보장하겠다는 내용이다. 당초 자유 시장경제 논리에 맞지 않는다는 이유로 반대하던 한나라당(새누리당의 전신)조차, 여론에 등 떠밀려 야당의 주장을 일부 수용하는 모양새로 제도도입을 추진하려 했었다.

최근의 전세대란 속에 비슷한 논쟁이 또다시 수면 위로 불거지고 있다.

이러한 정치권의 전월세 상한제 입법조치 등 주택임대시장 규제 움직임에 대해 같은 정치권뿐 아니라 학계와 시장 현장에서의 우려의 목소리가 작지 않다. 무엇보다 경제학원론에 나오는 가격상한 규제의 문제점에서 보듯이 전월세 상한제로 인한 득(得)보다 실(失)이 더 많다는 것이다.

나도 경제학 전공자로서 주택정책에 관해 적잖이 고민하고 연구했던 터라 작금의 전월세 상한제 논쟁에서 굳이 입장을 밝힌다면 제도도입에 찬성하지 않는 편이다.

빈곤층을 위한 서민주택정책에 관해 연구하면서 미국의 여러 사례를 살펴봤다. 세계의 중심인 뉴욕이라는 도시는 없는 것이 거의 없는 곳이다. 부자도 가난한 자도 자유인으로 사는 도시 보헤미안의 천국이라고들 한다. 그런데 그곳도 두 가지 부족함이 있는데 바로 택시 잡기가 어렵고 적절한 집세로 들 아파트 구하기가 하늘에 별 따기만큼 힘들다는 것이다.

뉴욕시의 주택 부족은 집세 규제의 결과물임은 학자들이 증명했다. 뉴욕시는 제2차 세계대전 당시 주정부의 허가 없이는 집주인이 집세를 올리지 못하게 했다. 귀환 장병들이 도시에 몰리면서 임대료가 폭등하자, 가난한 입주자들을 보호하기 위해 집세를 규제한 것이다. 그러나 곧 (경제원론서에 나오듯이) 임대주택의 공급이 크게 줄었을 뿐 아니라, 임대주택들이 관리가 제대로 되지 않아 슬럼화되는 부작용이 따랐다.

뉴욕시의 경우 오래되고 낡은 주택에 한해 여전히 임대료규제제도가 시행되고 있지만, 다른 대도시들은 대부분 폐지했다. (내가 살았던 샌프란시스코 주변은 뉴욕시와 마찬가지로 제한적인 임대료규제제도가 여전히 시행되고 있다.)

다시 우리의 상황으로 돌아와보자. 경제계나 정부보다는 정치권에서 전월세

상한제를 도입해야 한다고 강변한다. 우선적으로 내세우는 논리는 미국과 같은 선진국에서 시행하고 있다는 것이다. 하지만 이는 정확한 정보가 아니다. 앞서 말했듯이 미국은 뉴욕시와 샌프란시스코를 제외한 대부분의 도시에서 임대료 상한규제가 폐지됐다. 뉴욕시의 경우도 규제받는 임대주택이 전체 주택의 1.3%에 지나지 않고 그 대상도 1947년 2월 이전에 지어진 오래되고 낡은 경우에 한한다.

영국과 프랑스, 독일 등 유럽의 선진국들도, 우리나라의 전월세 상한제 도입 법안들과 같은 '연간 인상폭 5% 이내'와 같은 구체적인 상한을 두지 않으며, 규제대상 주택과 계층을 명확히 하고, 여건에 따라 다분히 신축적인 임대료 인상 규모가 정해지는 제도를 시행하고 있다.

정치권 일각에서 주장하는 전월세 상한제의 가장 큰 맹점은 전세와 월세의 특성 차이를 반영하지 않고 있는 점이다. 매달 지출되어 소멸되는 월세와 보증부 월세와는 달리, 전세금은 계약이 만료되면 그대로 돌려받으므로 진정한 의미의 임대수입으로 보기 어렵다. 그러므로 전세와 월세를 구분하지 않고 일괄하여 상한제를 적용하는 데는 무리가 따른다. 작금의 이른바 전세대란 원인 중의 하나는 장기적 주택가격 침체를 예상한 집주인들이 전세를 월세로 전환하는 데 있다. 최근 월세 비중을 보면 2011년 초 32% 수준이었지만 이듬해 37%로 증가했고, 2015년 5월에는 43.6% 수준으로, 매년 증가추세를 보이고 있다.

교과서에도 나오는 원론적인 이야기지만, 빈곤층을 위한 공공임대주택이 아닌 민간주택들을 대상으로 임대료 상한제를 적용하게 되면, 임대매물을 거둬들이거나 임차인을 선별하는 행위가 늘어나게 된다. 결국 그 피해의 상당 부분은 빈곤층에 돌아갈 수밖에 없다.

뉴욕시에서도 그런 현상이 에피소드가 된 적이 있다. 임대료 상한제 둘 와 같은 집세 규제로 당초 의도했던 노동자나 빈곤층은 낮은 셋집이 구하기 힘들어진 반면에, 부유한 사람들은 좋은 아파트를 상대적으로 저렴하게 입주하게 되었던 것이다. 이른바 공공정책의 역설(逆說)이다.

작금의 전월세 상한제 주장은 과연 누구를 위한 외침일까? **급등한 전월셋값 때문에 서민들이 어렵고 그래서 셋값을 올리지 못하게 묶어둬야 한다는, 멀리 보지 못하고 눈앞에 보이는 효과만을 통해 유권자의 호감을 사려는 것은 아닌지 의심의 눈초리를 던지지 않을 수 없다.**

 하나

가격상한제(price ceiling)

정부가 시장가격을 통제하기 위해 시장에 개입하는 경우, 법에서 허용하는 가격의 최고 수준을 정해놓는 것은 가격상한제이고, 최소 수준을 정해놓는 것은 가격하한제(price floor)이다. 이 두 가지 형태는 정부의 가격 규제의 대표적인 경우이다.

가격상한제는 (전월세 상한제 이야기에서도 볼 수 있듯이) 종종 낮은 품질의 상품이 주로 시장에 나오는 효율적이지 못한 현상을 초래한다. 구매자는 가격이 높지만 양질의 상품을 선호함에도 불구하고 판매자는 싼 가격의 낮은 품질의 상품을 제공하는 경향이 강한 것이다.

임대료 규제의 경우 집주인은 집을 잘 수리하고 관리하는 데 드는 비용을 집세로 더 받을 수 없을뿐더러 관리를 허술하게 하더라도 세입자를 쉽게 찾을 수 있기 때문에 잘 관리할 유인이 없는 것이다. 실제로 뉴욕 슬럼가나 샌프란시스코 인근 빈민가는 당국의 임대주택 가격 통제가 하나의 원인이라는 데 전문가들이 동의하고 있다.

임대료 상한제(rent control)

오늘날에는 임대료 상한제와 같은 집세 규제 이외에는 가격상한 규제가 그다지 많지 않은 편이다. 하지만 과거 전쟁 때나 심각한 흉년의 경우 그리고 대규모의 자연재해와 같은 위기 때에는 생필품의 가격 급등을 막기 위해 종종 렌트컨트롤이 시행되곤 했다.

내가 체류했던 시기인 2001년 미국의 캘리포니아에서는 전체적인 전력부족으로 전기에 대한 가격 규제가 있었다. 당시 전력부족으로 소수의 발전회사들의 막대한 이익이 예상되었고, 높은 전기세로 소비자 부담이 가중되자 도매전력 시장을 대상으로 전기가격 상한제를 실시했던 것이다. 당시 나는 캘리포니아 대학 버클리캠퍼스에서 장기연수를 하고 있었는데, 1부에서 소개했듯이 롤링블랙아웃으로 인해 큰 불편을 겪었다. 세계 제일의 경제대국에서 전시(戰時)도 아니고 자연재해도 없었는데 전기부족으로 제한송전이라니 캘리포니아 주민들조차 놀라움을 금치 못했다.

06

서민을 위한 '주택바우처'

　　　　　　　　　　　새 정부가 들어서거나 관련 부처 고위공직자가 교체될 때마다 제시되는 단골 메뉴가 있다. 수십만 호의 공공주택(국민임대주택, 장기임대주택 등)을 임기 중에 지어서 무주택 저소득층의 주거안정 기반을 다지겠다는 것이다.

　하지만 그러한 약속은 역대 정권을 통틀어 봐도 제대로 지켜지지 못했다. 예산부족이나 정책의 우선순위에 밀렸기 때문이다. 그러다 보니 지금까지 공급된 공공주택의 수는 정작 이러한 서민주거시설을 이용해야 할 많은 사람들의 수요를 채우기에는 역부족이었다. 더군다나 지어진 지 오래된 공공주택 거주민들은 건물의 관리 소홀과 시설 노후화로 매우 열악한 여건에 노출되어 있다. 뉴욕의 할렘가(Harlem street) 수준은 아니지만 슬럼화가 우려되기도 하는 지역도 적지 않다.

　공공임대주택을 지어서 공급하는 정책은 도시 빈곤층이나 서민의 주거안정에 어느 정도의 역할을 했다. 하지만 여러 문제점을 안고 있기 때문에 좀 더 효과적인 대책이 필요하다. 더욱이 집주인들이 전세보다는 반전세나 월세를 선호하는 세태를 감안한 근본적인 대책이 요구되는 시점이다.

그동안 내 집 마련의 종잣돈으로 여겨졌던 전세금과 전세제도는 지금과 같이 저금리 기조와 집값의 안정세가 계속된다면 월세화 전환 속도가 높아져 결국 사라질 수밖에 없다. 이 경우 **현실적으로 효과적인 정책은 빈곤층이나 저소득층의 지불능력을 높여주는 것이다.** 다시 말해 문제의 핵심이 서민층의 '낮은 소득 수준'에 따른 지불능력 부족에 있다는 시각이 필요하다.

대안 중 하나는 소득이 낮은 세입자에게 현금성의 주거비용을 직접 보조하는, 이른바 주택임대료 지원제도이다.

예컨대 지원해야 할 저소득층을 잘 선별해서 가계소득의 일정 부분(예컨대 40% 내외)을 초과하는 임차료(월세)를 정부에서 임차보조금으로 지급하는 방안이다. 그렇게 하면 저소득층은 보조금과 자기 소득의 일부를 갖고 정부가 제시하는 적정 수준의 집을 골라서 임차할 수 있게 된다.

저소득 임차인의 임차료를 보조하는 형태의 이와 같은 주택정책에는 여러 장점이 있다. 공공주택의 공급자(한국토지주택공사, 민간건설회사)에게 주택건설비용을 지원해오던 지금까지의 공급자 지원정책의 여러 문제점을 해소할 수 있다. 또한 저소득층의 임대료부담을 낮출 뿐만 아니라, 임차인이 살고 싶은 지역이나 주택 형태를 스스로 선택할 수 있게 함으로써 주거만족도도 높아질 수 있다.

임차보조금제도는 미국 등 선진국에서 주택바우처(housing voucher program) 하나 라는 이름으로 이미 오래전부터 시행 중이다. 캘리포니아 주립대 대학원에서 부동산도시계획학을 공부할 때 나는 이 제도에 관해 구체적으로 배웠다. 당시 주택바우처제도를 포함한 여러 주택정책을 어떻게 하면 한국에서 활용할 수 있을지에 관해 지도교수와 함께 고민하면서 연구도 했다. 아무튼 미국에서는 이 제도가 소득이 낮은 서민의 주거안정에 상당히 기여했다고 평가받고 있다.

국내에서도 이와 유사한 제도가 부분적으로 시행되었다. 지난 2010년 서울시에서 시범적으로 운영되었고, 정부 차원에서는 시행방법과 시기를 저울질하다가 2015년 7월부터 '저소득층 월세지원 주거급여(주택바우처)제도'라는 형태로 본격적으로 시행되고 있다. 당초 2014년 10월부터 시행될 계획이었으나 '국민기초생활보장법' 개정안이 늦깎이로 통과돼 9개월이 늦어진 것이다.

이 제도는 대상자 가계소득의 일정 부분을 초과하는 임차료를 지원하는 미국식이 아니라 지역, 가구원 수 등을 기준으로 정해놓은 금액을 매월 지원하는 형태이다(중위소득 43% 이하, 4인 가구 기준으로 월 소득이 182만 원 이하인 경우 지원자격이 되며, 최소 10만 원에서 최대 34만 원까지 월세를 지원받을 수 있다). 이 제도가 시행되면 대상이 되는 최대 97만 가구의 저소득층에게는 평균적으로 월 11만 원을 지원받는 등 실질적인 혜택이 될 것으로 보인다.

하지만 이 제도가 국내에 정착되기까지는 여러 난관이 있다. 단지 월세 주거비 중 일부분만 급여 형태로 보조함으로써 주거안정에 도움은 되지만 미국식의 소득수준에 따른 차등지원이 아니어서 빈곤층의 주거비용 해소에는 한계가 있다. 무엇보다 월 단위 임차금을 일부 보조하는 형태의 주택바우처제도를 일시불의 목돈이 요구되는 전세제도에는 적용이 곤란하다는 점이다. 우리나라는 전세가 여전히 대세이며, 빈곤층도 내 집 마련의 밑천이라는 생각으로 전세를 드는 경우가 여전히 많다. 월세만 지원하는 현행 제도라면 전세입자는 주택바우처의 혜택을 볼 수 없는 문제가 있다.

또 다른 문제는, 저소득 빈곤층의 소득원을 투명하게 알 수 없으면 제도 시행에 어려움이 따른다는 점이다. 소득세를 한 푼도 내지 않을 뿐 아니라 각종 정부의 복지지원제도를 악용하는 가짜 빈곤층이 건재하는 현실에서는 주택바우처가 또 다른 사회문제가 될 수도 있을 것이다.

무엇보다 제도의 안착을 위한 정부의 장기적 예산 확보가 전제돼야 한다. 하지만 기존 공공주택정책의 문제점 해소를 위한 대안이 절실한 실정이고, **이미 선진국에서 서민의 주거안정에 일조하고 있는 점을 볼 때 서민의 주거비용을 지원하는 주택바우처제도가 잘 시행되어 주된 서민을 위한 주거정책의 하나로 자리 잡도록 하는 것이 바람직하다.** 특히 주택가격 안정세의 지속으로 전세의 보증부월세 내지 월세전환비율이 높아지고 소득 입증 체계가 정착되어 가는 등 제도 안착의 여건이 마련되고 있다고 하겠다. 예산의 문제는 2013년에는 5천 7백억 원, 2014년에는 7천 3백억 원 수준밖에 안 되었지만 2015년에는 정부에서 1조 원을 추가 배정하겠다고 하니 다행이다. 그래도 부족한 부분은 기존의 공공임대주택 예산의 전용을 통해서도 가능하다고 본다.

 하나

바우처(voucher)

바우처란 원래 정부가 지불을 보증하는 일종의 전표(錢票)이다. 일정한 자격을 갖춘 특정한 계층에 지급하게 되며, 받는 사람의 소득수준이 중요한 기준으로 사용된다. 바우처 제도는 특정한 재화나 서비스를 구입할 수 있도록 구매력을 높여주는 소득지원의 한 형태로 사용되기도 한다.

위에서 말한 주택바우처 외에도, 저소득자에게 전기료를 보조하는 에너지바우처, 여행경비를 정부에서 일정 부분 보조해주는 여행바우처, 지자체에서 스포츠센터 이용경비를 보조하는 스포츠바우처, 아동인지능력향상 서비스라는 이름으로 제공되는 아동바우처 등 여러 형태의 바우처제도가 여러 나라에서 시행되고 있다.

참고로, 미국은 미국연방주택법(National Housing Act, 1937) 제정 이후 서민을 위한 여러 주택정책을 펴왔는데, 그중 대표적인 것이 이 글에서도 소개된 지방정부와 지역사회 중심의 이른바 '수요자지원 정책'이다. 이 정책은 저소득 서민의 임대료 부담을 낮추고, 주거여건을 개선하였으며, 임차인의 선택폭을 넓혀주는 등의 효과를 얻기도 했으나 한편으로 시장임대료가 상승하고 수혜자의 도덕적 해이와 상당한 행정비용이 드는 등 문제점도 지적되고 있는 실정이다.

전세대란의 소용돌이 속에서 어려움을 겪고 있는 우리나라 저소득 서민층의 주거안정을 위해 미국의 주택정책의 역사를 비추어서 살펴볼 필요가 있겠다.

07
부동산 거래,
안전을 최우선으로

안전거래를 위한 지침

대부분의 사람은 '소비가 미덕'이라는 말에 선뜻 동의하기 어렵다. 주어진 소득 범위 내에서 현재의 소비생활을 해야 하기 때문이고, 병원치료비나 자녀혼수비 등 장래에 발생할 자금 수요를 감안하여 돈을 모아야 하기 때문이다. 본능적 소비욕구를 억누른 채 저축에 매달려왔던 우리나라 소비자들의 모습이 안쓰럽기까지 하다.

대부분의 사회 초년생이 바라는 꿈은 사랑하는 가족을 위한 보금자리를 마련하는 것이고, 사회 중년생의 기대는 안락한 노후를 위한 고정된 수입원을 마련하는 것일 게다.

20여 년간 소비자의 권익 옹호를 위해 일해온 나는 이러한 소박한 사람들의 꿈이 한순간에 날아가는 경우를 종종 보아왔다. 특히 집이나 상가, 토지와 같은 부동산을 거래할 때 예상하지 못한 사기를 당하거나, 크고 작은 실수로 큰 손해를 보는 경우도 적지 않았다.

부동산을 사고팔 때는 그 어느 때보다 신중해야 한다. 일반 상거래와는 달리 수개월의 계약 이행기간이 소요될 뿐 아니라, 일반인이 이해하기 어려운 법률문제가 개입된다. 대부분의 소비자는 중개인이나 법무사직원이 제시하는 정보에 의존하여 거래를 하는 경우가 많다 보니 뜻하지 않은 손해를 입기도 한다.

피해 사례는 매우 다양하다. 계약 시 열람해본 등기부등본에는 아무 문제가 없었지만 잔금을 치르고 입주할 시점에 보니 다른 사람에게 권리가 넘어갔거나 경매에 넘겨진 사례, 팔리지 않는 부동산을 판매 대행업자에게 의뢰했다가 사기를 당하고 해당 부동산의 등기상의 권리를 통째로 빼앗긴 사례, 개발기대지역에 횡횡하는 이른바 '딱지'라는 입주권을 샀다가 나중에야 이중거래임을 알게 되어 수십 년 모아온 재산을 날린 사례, 기획부동산의 권유에 따라 지적도(地籍圖)와 같은 서류들만 믿고 샀던 부동산의 가치가 설명과는 전혀 달라 피해를 본 경우 등등. 근래에는 중개업자와 짜고 자신의 주민등록증을 위조해 수천만 원의 계약금을 가로챈 사례도 있었다.

사실상 관행처럼 이루어지는 부동산매매와 임차계약에서는 이중거래와 같은 사기나 계약의 중도파기 등에 따른 피해가 발생될 소지가 적지 않다. 일반 서민의 경우 부동산을 매매해본 경험이 부족하기 때문에 그 가능성이 더욱 커진다.

부동산 거래에서 피해를 당하지 않기 위해서는, 무엇보다 조심하고 또 조심하는 것이 최선이다. 사려고 하는 부동산은 현장을 직접 확인하고 등기부와 같은 공적 장부상의 권리변동 확인은 필수이다.

특히 전세계약의 경우 임대인의 신분증과 등기부등본을 필히 눈으로 확인하고 사본을 받아두는 것이 좋다. 대리 계약이 부득이한 경우에는 위임장과 인감증명서를 확인하고 복사본을 확보해놓는 것이 좋다. 요즘은 어렵지 않게 주민등록증이나 공문서를 위변조할 수 있기 때문에 정부에서 운영하는 ARS 1382로 전화하거나 전자정부 홈페이지 '민원24(www.egov.go.kr)'에 접속해서 주민등록증 진위 여부를 확인해보는 것이 좋다.

구입하거나 세 들어갈 부동산이 아무런 담보 없이 깨끗하면 좋겠지만 다소간 의 근저당이 설정되어 있다면 신중해야 한다. 싸다고 무턱대고 사거나 세를 든 다면 크게 후회할 수 있다.

특히나 설정된 채무액이 시세의 60%가 넘거나, 근저당권 ◆ 하나 금액과 전 세금의 합산 액수가 시세의 70%가 넘어간다면 구입이나 전세입주계약을 다시 생각해봐야 한다. 선순위 권리자가 경매절차에 들어갈 경우 낙찰액이 시세의 60~70%에 못 미치는 경우도 흔하기 때문이다. 그렇게 되면 해당 부동산 매수 자나 세입자는 일정 부분 손실을 보게 되고 법적으로도 보상받을 길이 없을 수 있다.

특히 임대차계약의 경우 생길지 모를 낭패를 피하기 위해 전입신고와 확정일 자를 반드시 받아놓아야 한다. 주택임대차보호법에는 대항력을 갖춘 세입자는 계약한 주택이 경매에 붙여지더라도 우선변제권을 보장하고 있다. 따라서 계약 시 등기부등본을 열람해서 설정된 근저당 액수를 확인하고, 주민센터에 전입신 고를 하면서 계약서에 확정일자를 받아놓아야만 대항력이 생기게 된다. 또 무허 가 중개업소에 따른 피해도 이따금 생기는 만큼 정식으로 허가받은 업소인지도 확인해봐야 한다.

이와 같이 거래 당사자인 소비자의 주의가 무엇보다 중요하지만, 한편으로 이 러한 부동산 거래에서의 위험한 관행으로 인한 피해를 줄일 수 있는 제도적 장 치가 필요한 시점이다.

부동산거래에 있어 위조나 이중거래, 사기로 인한 권리상 하자를 예방하고,

매수·매도자 간의 계약 파기로 인한 거래위험 등 사후적인 피해를 보상받을 수 있는 장치가 있다. 바로 에스크로(escrow) 서비스이다.

부동산 에스크로

전셋집에 들거나 집을 매매할 때 '간 크게' 행동하는 경우가 의외로 많다. 달랑 매매계약서 한 장만 믿고 거액의 계약금을 지불하고, 권리이전도 안 된 상태에서 중도금을 낸다. 이러다 보니 이중거래 사기나 계약의 중도파기에 따른 피해가 종종 발생한다.

현행법률상 이런 피해를 보상받을 수 있는 경우는 제한적이다. 중개업자의 고의나 과실이 분명한 경우에는 '공인중개사법'에 따라 1억 원 한도에서 보상받을 수 있지만 나머지는 모두 당사자 책임이다. 이러한 합리적이지 못한 관행들로 인한 부동산 거래 피해를 줄일 수 있는 제도적 장치의 하나가 에스크로 서비스 🖱툴이다. 에스크로는 중립적인 제3자나 기관이 쌍방대리인의 자격으로 매매에 관련된 보증금이나 보증 또는 그것에 해당하는 재산과 서류 일체를 계약 조건이 종료될 때까지 예치하고 보관해주는 서비스이다.

에스크로를 이용하면 부동산 거래에 필요한 대부분의 업무를 에스크로 사업자가 대행하기 때문에 위조나 사기, 계약서의 분실에 따른 위험을 피할 수 있다. 계약이 중도파기될 경우에도 에스크로 사업자가 계약 내용에 의해 보관된 매매대금을 분배하게 되므로 분쟁의 소지가 없어진다.

이미 2000년에 개정된 '부동산중개업법' 🖱셋과 해당 법 시행령에 이 에스크로 서비스가 '예치(금)'란 명목으로 가능하도록 되어 있다. 당시 예치금제도는 투명한 부동산 거래를 위해 미국의 에스크로 서비스 개념을 바탕으로 도입한 것이다. 하지만 이 조항은 중개업자가 거래 당사자에게 예치금을 권고할 수 있다는 임의규정으로 되어 있는 등 제도가 활성화되지 못하고 있는 실정이다.

최근에는 일부 은행권을 중심으로 이러한 에스크로 서비스 도입이 추진되고 있어 조만간 본격적인 서비스가 제공될 수 있을 것으로 보인다. 하지만 에스크로 사업자의 자격기준과 같은 제도정착을 위한 적절한 정부지침(가이드라인)이 없어 시행상에 혼란이 예상된다.

그러한 배경에서 "부동산 매매대금예치제 도입이 필요하다"라는 제목의 칼럼을 모 일간지에 실었더니 여러 곳으로부터 전화가 왔다. 대부분 부동산을 거래하면서 이런저런 불안함을 느꼈고, 그래서 그 제도가 빨리 도입되어 안전한 거래가 되었으면 좋겠다는 독자들의 의견이었다. 그런데 어떤 중개업을 하시는 분께서는 "그런 제도가 없어도 중개인이 다 알아서 한다"며 칼럼의 기사내용에 대한 불만을 말씀하셨다. 동일한 어떤 사안에 다양한 생각과 주장이 있을 수 있음을 다시금 느꼈다.

어쨌든 우리나라 부동산 거래 관행을 한번 살펴보자.

집을 사거나 팔 때 매매계약서를 작성하고 난 뒤면, 권리 이전이 되지 않은 상태에서 수천만 원 내지 수억 원의 매매대금이 거래 상대방에게 직접 건네진다. 아직 이사 들기도 전에 수천만 원의 전세 계약금과 중도금이 오고 간다. 더욱이 언제나 일어날 수 있는 계약의 중도파기와 같은 위험 상황을 고려하지 않고, 동일한 날짜에 매매나 전세자금을 그것도 연쇄적으로 주고받기로 계약을 맺으며, 실제로 그렇게 진행이 된다. 특히 이사 날이 주말이거나 손 없는 날에 집중되다 보니 수표나 현금으로 거래대금을 주고받는 비율이 여전히 높은 편이다. 외국의 경우에는 상상조차 하기 힘든 거래 행태이다.

부동산 거래에서 계약의 내용들이 문제없이 잘 지켜지면 다행이다. 하지만 집을 사거나 셋집에 들 때 사기당하거나 계약의 중도파기 등에 따른 예기치 않은 피해를 입는 경우가 우리 주변에서 종종 발생한다. 관행처럼 이루어지는 부동산 매매와 임차계약에서는 이러한 피해가 발생될 소지가 적지 않다.

그럼에도 현행법률상 이러한 피해를 보상받을 수 있는 경우는 제한적이다. (앞글에서도 말했듯이) 중개업자의 책임이 확실한 경우에는 법에서 정한 한도 내에서 보상받을 수 있지만 나머지는 대부분 당사자 책임이다. 또한 법 테두리 내에서 보상받을 수 있는 경우에도 현실적으로 적절한 보상을 받지 못하는 경우가 허다하다.

이러한 위험천만한 부동산 거래관행에서도 안전할 수 있는 제도적 장치가 에스크로 서비스인 것이다. 사실, 에스크로는 새로운 제도가 아니다. 미국의 경우 이 제도가 이미 관습법 형태로 정착되어 있기 때문에 부동산이나 사업체 거래에는 대부분 에스크로 과정을 거친다.

예컨대 주택을 사거나 팔 때 의뢰받은 에스크로 사업자는 중립적인 입장에서 모든 거래과정이 계약서 조건대로 이루어지도록 관리해주며, 계약금을 포함한 중도금과 잔금을 맡아놓았다가 에스크로 종결과 함께 매도인에게 전달한다. 에스크로를 이용하면 부동산 거래에 필요한 대부분의 업무를 에스크로 사업자가 대행하기 때문에 위조나 사기, 계약서의 분실에 따른 위험 등을 피할 수 있으며, 계약이 중도파기될 경우에도 에스크로 사업자가 계약 내용에 의해 보관된 매매대금을 분배하게 되므로 분쟁의 소지가 없어진다. [미국의 경우 에스크로 서비스 수수료(escrow fee)는 대개 거래 금액의 약 0.4% 정도이며 매도인과 매수인이 반반씩 부담하는 것이 일반적이다.]

이러한 에스크로 서비스는 부동산 거래에서의 사기를 사전에 방지할 수 있을

뿐만 아니라, 거래대금 지급과 소유권 이전등기가 동시에 이루어진다는 장점도 있다. 다시 말해 잔금 후에도 등기이전이 되지 않아 낭패 보는 문제도 더 이상 문제되지 않는 것이다.

뒤따르는 효과 중 하나는 관행이라는 이름으로 이루어지던 일부 음성적이거나 불법적인 거래가 차단될 수 있다는 점이다. 에스크로가 활성화되면 이러한 나쁜 관행에 따른 세금의 누수를 방지할 수 있을 것이다.

미국의 경우와 같이 에스크로 서비스 수수료가 다소 부담이 될 수 있지만, 안전한 거래를 위한 최소한의 비용으로 간주될 수 있을 것이다.

부동산 거래에서 사기나 계약파기 등에 따른 소비자 피해의 예방과 안심 · 안전한 부동산 거래, 그리고 부동산시장의 개방에 맞서기 위해서도 선진화된 에스크로 서비스가 조속히 정착되어야 한다. 에스크로 서비스는 부동산 금융을 취급하는 은행 등에서 관련 법 테두리 내에서 자율적으로 제공될 수 있지만, 제도의 안착을 위해서는 우리에게 맞는 한국형 모델을 만들고, 에스크로 사업자의 자격기준을 제시하는 등 정부의 적극적인 대처가 필요하다. 앞서 살펴보았듯이 부동산중개업법에도 이미 근거가 되어 있으므로 잘만 활용하면 신속하고 안전한 부동산 매매의 관행을 새로이 창출할 수 있는 것이다.

 하나 ~~~~~~~~~~~~~~~~~~~~~~~~~~~~~~~~~~~

근저당권의 예치(금)제도

부동산 거래에서는 근저당권이란 말이 많이 사용된다. 은행 대출 시 '아파트를 잡히는' 행위로 이해하는 경우도 많지만, 법률용어여서 명확히 알기 어렵다.

우선 '저당권'이란 채권자가 채무자에게 돈을 빌려주면서 갚지 않을 경우 저당 잡힌 담보물건에 대해 다른 채권자보다 우선하여 변제받을 수 있는 권리를 말한다. 또 '근저당'은 채무자가 채무를 이행하지 못할 경우를 대비해 해당 담보물에 대해 미리 저당권을 설정해두는 것을 말한다. 근저당은 향후 저당물가치의 증감, 가치가 변동하는 채권 등을 담보하는 것이어서 확정금액이 아닌 '채권최고액'을 등기로 기입하는 것이 일반적이다. 따라서 채권최고액은 '원금+이자+위약금+기타 발생 가능한 손해배상' 등이 모두 포함된 것으로 생각하면 된다.

 둘

에스크로 서비스

에스크로 서비스는 부동산 등기제도와 통일된 부동산법이 없는 미국에서 처음 고안되었으며, 구매자와 판매자 간 신용관계가 불확실할 때 제3자가 상거래가 원활히 이루어질 수 있도록 중계하는 매매 보호 서비스를 의미한다. 미국에서 부동산 에스크로 서비스가 어떤 모습인지 간단히 소개한다.

미국에서는 에스크로업체, 변호사, 은행, 권원보험회사 등이 제3자의 입장에서 부동산 거래에 관한 전반적인 사무수속 서비스를 제공하는 것을 일반적으로 에스크로라고 부르고 있다. 에스크로업자는 매수인은 계약금을, 매도인은 권리증서를 받아서 부동산의 권리 내지 물적 하자, 관련 세금의 체납, 거래조건의 이행, 매매대금의 완납 등 거래절차상의 모든 과정을 확인한 후 아무런 문제가 없다고 판단될 때 비로소 거래를 완결시키게 된다.

 셋

부동산중개업법

부동산중개업법의 정식 명칭은 '공인중개사의 업무 및 부동산 거래신고에 관한 법률'이다. 에스크로제도는 부동산중개업법 제31조(계약금 등의 반환채무이행의 보장)에 명시되어 있다. 딱딱한 법문이지만 궁금한 독자를 위해 해당 조항을 각색하여 소개한다.

"중개업자는 거래의 안전을 보장하기 위하여 필요하다고 인정하는 경우에는 거래계약

의 이행이 완료될 때까지 계약금 · 중도금 또는 잔금을 중개업자, 금융기관, 신탁업자 등
에 예치하도록 거래 당사자에게 권고할 수 있다. 예치된 자금의 관리 · 인출 및 반환절차
등의 사항은 대통령령으로 정한다."

공／감／문／답

전세난국의 해법을 찾아서

'주택소비자문제'의 이모저모를 Q&A 형태로 엮었던 『세상을 바꿀 행복한 소비자』(2012)를 바탕으로 이번에는 일반적인 공식을 한참 벗어난 작금의 전세시장의 행보에 관해 소비자들의 궁금증과 대책에 관해 살펴보려고 한다.

 사실 그동안 전세제도로 인한 여러 사회적 문제가 생기기도 했다. 1989년 주택임대차보호법 개정으로 전세기간이 1년에서 2년으로 늘어남에 따라 그간 낮은 수준이었던 전세금이 폭등하는, 이른바 전세파동을 겪었다.

 그 외에도 90년도 말의 IMF 외환위기와 2000년대 중반의 노무현 정부 시기에도 급격한 전세가격 인상에 따른 전세파동으로 사회적 어려움이 야기되었다. 당시 높은 전세금 인상을 비관한 자살이 잇따르는 등 큰 사

3부 안락한 주거를 고민하다

121

회적 문제가 되기도 했었다.

또한 전세제도가 역대 정부의 전세자금 대출지원 등 정치여건을 반영한 정책수단으로 활용되면서 금융시장을 왜곡했다는 비판도 있다.

전세로 인해 집주인이 거래위험을 세입자에게 전가하거나 세입자의 부도위험이 적잖이 늘어난 문제도 있었다. 하지만 전세제도는 그동안 세입자 입장에서 장점으로 작용한 측면이 많지 않나?

일종의 강제저축의 효과가 있었다고 생각된다. 다시 말해서 전세보증금을 내 집 마련을 위한 종잣돈(key money)으로 활용해서 보증금액을 차곡차곡 쌓아 내 집을 마련할 수 있었다.

또 초기에는 전세금이 그다지 높지 않아서 큰 부담이 없었고, 월세와 보증부월세, 그리고 자가주택에 비해서도 주거비용이 상대적으로 저렴하다는 장점이 있었다.

전세는 우리나라에만 존재하고 있는 독특한 주거 형태로 알려져 있는데, 이참에 전세제도의 기원이라 할까, 그 역사를 알아보는 것은 어떨지?

좋은 생각이다. 과거 중국에 전권(典權)이라는 우리 전세와 매우 유사한 제도가 있었다. 하지만 국민당 정부에서 사회주의로 체제가 변화되면서 강제적으로 폐지되었다고 한다.

그 외에도 역사적으로 남부 프랑스와 스페인 등에서도 흔적을 찾을 수 있고, 미국의 루이지애나 주, 남미의 아르헨티나, 볼리비아의 민법에도 우리의 전세와 비슷한 'Antichresis Leases'제도가 있다고 알려져 있다. Antichresis는 사용(use)의 대가(against)로 보증금을 제공한다는 의미이다.

🎙 처음 듣는 흥미로운 내용이다. 그렇다면 우리나라의 경우는 어떤가? 고려 후기와 조선 시대에도 여러 형태의 물적 담보제도가 있었다고들 하는데,

🎙 우리나라에서는 1876년 병자수호조약에 따른 3개 항구 개항과 일본인 거류지 조성, 농촌 인구의 이동 등으로 서울의 인구가 늘어나면서 지금의 전세제도가 시작되었다고 보는 것이 타당하다. 공식 기록으로는 1899년 4월에 발행된 황성신문에 '집을 전세했다'는 기사가 있다고 한다.

그 후 전세권은 민법이 만들어지기까지는 관습의 형태로 유지되었으나, 1960년 민법 제정 이후에는 하나의 '전세권'으로 명시되었다. 현행 민법상의 전세제도는 물권법상 전세권과 채권법상 임차권에 모두 해당하지만, 일반적으로는 관습상 전세인 임차권을 의미한다.

🎙 그렇다면 다른 나라들과는 달리 어떻게 해서 우리나라에서만 전세제도가 지금까지 잘 유지되었는지 궁금하다.

🎙 사실 주택의 전세 시스템은 1970년대 이후 관치금융의 여파로 급격히 늘어나게 되었다. 1975년의 경우 서울 가구 중 월세는 14% 수준인 반면에 전세는 38%가 되었다는 통계가 있다.

당시 정부가 수출기업들에 자금을 인위적으로 할당하였는데, 자금부족에 시달리던 개인(집주인)은 당시 세입자들로부터 전세보증금 형태의 자금을 조달하게 된 것이다. 그 시기 전세보증금은 사실상 무이자 은행대출의 역할을 했던 것이다.

말씀을 들으니 당시 상황이 이해된다. 다음 논의를 시작해보자. 최근 들어 주택시장이 다소 좋아지고 있는 것 같다. 수도권과 중·소형 아파트를 중심으로 매매가격과 거래량이 동시에 오르는 등 시장 회복세가 뚜렷해지고 있다. 그런데 전세시장을 보면 가격이 오르기만 하고 내릴 줄 모른다.

그렇지 않다. 몇 년 전에는 급등과 급락을 반복한 널뛰기 전세가가 문제되기도 했었다. 아무튼 전세가가 지난 2년간 오르기만 했고 전세가율이 71.0%로 사상 최고치라는 기사를 보았다. 정상이 아닌 것은 분명하다. 하지만 그 원인은 매우 분명하다. 전세주택의 수급 불균형 때문이다. 수요자는 많은데 공급량이 충분하지 않거나 줄어드는 것이다.

그런 관점에서 해법도 명료하다. 전세공급을 늘리든지 아니면 수요를 줄이면 된다.

전세제도가 곧 없어질 것이라는 말도 있는데, 과연 거스를 수 없는 시장의 흐름이라고 볼 수 있을까?

길게 보면 그럴 것이다. 다만, 지금과 같은 초저금리 여건이 유지되고 또 집값이 오르리라는 기대감이 별로 없다는 전제에서다. 어느 시점에 금리가 높아지게 된다면 임대주택 공급자인 집주인의 전세 선호도가 높아질 수도 있을 것이다.

그렇더라도 전세제도는 없어지지는 않겠지만, 지금과 같이 유지되기는 어려울 것이다. 집에 대한 '보유'보다는 '거주' 개념으로 생각들이 많이 바뀌었고 또 '소유'보다는 '임차', '대형'보다는 '소형'을 선호하는 경향이 뚜렷하다. 그렇게 되면 미국이나 일본과 같은 선진국들에서 볼 수 있는 민간의 임대주택사업이 곧 제자리를 잡게 될 것으로 생각된다.

🎙️ 그렇다면 이제 자연스레 대책으로 넘어가보자. 작금의 전세난으로 부각된 주택문제를 어떻게 풀어나가야 할까? 정부의 각종 정책들은 바람직한가?

🎙️ 역대 정부에서와 마찬가지로 지금의 박근혜 정부도 집권 2년간 10차례나 주택정책을 발표했다.

올 초, 1·13 주거대책 등 많은 부분이 서민·중산층의 주거안정을 위한 전(월)세 문제 해소에 초점을 맞춘 대책이었는데, 주택시장 정상화와 활성화 측면에는 상당 부분 효과를 나타내고 있다고 본다. 하지만 작금의 전세파동 등 보편적 주거복지를 위한 '서민·중산층의 주거안정'에는 크게 기여하지 못하고 있다는 평가를 받고 있다.

이제는 시장 활성화보다는 주거복지나 주거안정을 위한 방향으로 정책을 바꿔야 한다는 목소리가 높다. 다행히도 최근에 국회에서 주거기본법이 통과되었다. 이 법이 바탕이 되어 앞으로 정부의 주거정책이 주거복지의 향상에 초점이 맞춰질 것으로 기대한다.

이웃 나라 일본의 경우도 지난 2005년에 제정된 '주생활기본법'을 계기로 주택정책의 방향이 대대적으로 전환되었다. 안전하고 풍요로운 주생활을 정책의 중심에 두고 매 10년간의 주생활기본계획을 세워서 정책을 시행해오고 있다. 우리도 늦은 감이 있지만 이제부터라도 주거복지 중심의 주택정책이 잘 추진되어야 한다.

🎙️ 공감한다. 더불어서 전세 급등의 해법과 전세제도가 과연 효율적인 제도인지도 따져봐야 하겠다. 그리고 현실적으로 어떤 대응책이 필요한가?

🎙 전세가 급등 등의 현안 문제에 대응한 단기적 방안과 주거생활자의 주거 안정을 위한 중·장기적 방안으로 구분하여 두 가지 관점에서 얘기해보겠다.

단기적으로는, 전세제도를 현재와 같이 유지하는 차원에서 서민·중산층의 주거안정을 추구하는 방안이 필요하다. 왜냐하면 지금의 전세제도가 여전히 시장에서 공급자(주택소유주)와 수요자(세입자)의 욕구를 일정 부분 충족시키고 있기 때문이다. 다시 말해 전세를 놓으려는 사람도 많고 전세에 들려는 사람도 많은 것이다.

이들을 위해서는 보증부월세나 반전세와 같은 부분전세가 활성화되어야 한다. 전세의 월세화가 거스를 수 없는 시장의 흐름이라면, 소유주와 세입자 모두에게 부담이 덜한 부분전세가 단기적으로는 바람직하다.

💬 그렇다면 중장기적으로는 전세의 몰락을 용인하자는 것인가?

🎙 그렇다. 전통적 전세제도의 쇠퇴는 사람들의 의식변화와 국내외적 환경변화에 따른 시대적 흐름이어서 불가피한 측면이 있다. 이미 지난해에 전세 비중이 45%로 감소했으며, 전세의 반전세 또는 보증부월세화가 가속되고 있다.

지금의 전세난을 이러한 월세로의 연착륙을 위한 하나의 계기로 삼을 필요가 있다. 다만, 저소득 서민층의 주거안정을 위해서는 이들만을 타깃으로 삼은 별도의 임대주택정책을 펴나가야 한다. 공공임대주택을 지속적으로 공급해나가고 2015년 7월부터 시행된 주거급여제도(주택바우처제도)가 잘 정착되도록 해야 할 것이다.

🗨️ 구체적인 중장기 대책은 무엇인가. 앞서 수급불균형을 해소해야 한다고 하지 않았나? 전세공급도 줄어들지만 월세물량도 넉넉하지 않고 임대주택의 품질도 좋지 않다. 전세입자나 월세입자 모두 불만인 것이다. 현실적인 해법은 없나?

🎙️ 민간 임대사업을 육성하고 활성화시키는 것이다. 전세나 월세도 개인이나 기업이 임대사업자가 되어 주택임대시장에서 역할을 하도록 해야 한다. 지금은 민간 임대의 경우 95% 이상이 집을 두어 채 가진 집주인(개인)이다. 이들만으로 임대시장이 제대로 형성될 수 없다. 정부에서도 지원하고자 하는 기업형 임대사업자 ✏️ 하나가 많이 나타나고, 집주인들도 여러 집을 사서 임대업을 해서 돈을 벌 수 있도록 여건을 조성해주어야 한다. 이를 위한 토지 규제를 풀어주고 금융이나 세금 측면에서 가능한 부분이 있으면 지원해주어야 한다. 그래서 임대주택사업이 잘 정착되어 활성화되도록 해야 한다.

더불어서 종교단체나 협동조합 등이 주체가 되는 사회적 임대인제도도 활성화시키고, 임대업과는 별도로 임대주택 관리업을 전담하는 주택임대관리회사도 육성하는 정책을 펴나가야 한다.

🗨️ 공/감/문/답을 통해 많은 것을 배웠다. 못다 한 이야기는 다음 기회에 다시 나누도록 하자. 가능하다면 이 책의 다음 버전에서 시리즈로 연재되기를 기대한다.

민간 주택임대사업과 1·13 대책

　우리나라 민간 주택임대사업의 형태는 크게 건설임대사업과 매입임대사업으로 구분된다. 건설임대사업은 민간건설 공공임대사업과 민간건설 일반임대사업으로, 매입임대사업은 민간매입임대사업과 준공공임대사업으로 구분할 수 있다. 민간 건설임대사업은 사실상 일정 기간 후 분양 전환하는 수익사업이어서 지속되기 어려우며, 지속적 임대업이 가능한 사업자는 매입임대사업자이다. 2013년 12월에 도입된 준공공임대사업제도는 장기임대 혜택에도 불구하고 실적이 거의 없는 상태다.

　이런 상태에서 정부에서는 2015년 1월에 이른바 1·13 주거 대책을 발표했다. 그 핵심은 전문 기업들이 장기임대주택의 공급을 담당하는 기업형 주택임대사업(New Stay) 정책이다.

4/부

안전한 국가를
논의하다

01
안전을 위한 태도:
원칙최우선주의

가슴 아픈 일을 다시 들추고 싶진 않지만 세월호 침몰사고는 놀랍게도 20년 전의 삼풍백화점 붕괴사고 하나와 같은 대형 사고들과 많은 점에서 닮은꼴이다. 무고한 수많은 인명을 앗아간 대형 참사라는 점이 그렇고 안전을 도외시한 경영진의 탐욕과 도덕불감증이 주된 배경이라는 점에서 특히 그렇다. 감독과 관리의 의무를 다하기보다 기업 이익을 대변한 전·현직 관료문제가 그 배경이 되었던 점도 희한할 정도로 비슷하다. 무엇보다 **기본과 원칙만 지켰더라면 충분히 예방하거나 피해를 줄일 수 있었던 100% 인재(人災)였다는 점이 공통점이다.**

비단 대형 사고들뿐일까? 지난해 가을, 판교 테크노밸리 환풍구 추락사고와 담양 펜션 화재사고 등 하루가 멀다 하고 들려오는 안전사고 관련 뉴스들을 보면 대부분이 지켜야 할 매뉴얼과 원칙을 소홀히 하는 안전불감증에서 비롯되고 있다. 정해진 안전요원을 배치하지 않고 구명구급장비의 기본적인 사용법조차 알려주지 않았다. 법을 어겨 건축한 시설물에 더하여 안전기준의 하나로 의무화되어 있는 기본적 소방시설조차 구비되지 않았다. 사고 직후의 위급상황 보고와 대처 수칙마저 준수하지 않는 경우가 허다하다.

언제부턴가 우리 사회는 기본과 원칙보다는 '상황에 맞게'와 '능률적으로'에 익숙해져 있다. **지켜야 할 원칙과 매뉴얼을 목표 달성의 걸림돌로 간주하는 경향**이 적지 않다. 사고가 발생할 가능성이 많지 않으니 원칙과 매뉴얼이라는 경제적 '비용'을 지불하려 하지 않는 것이다. 과연 합리적인 판단일까?

2011년 3월의 일본 도호쿠(東北) 지역의 대지진과 원전사고 발생 시 지나친 매뉴얼 때문에 피해가 되레 커졌다는 일부 국내 언론 기사는 일본의 안전과 재해 매뉴얼의 순기능을 무시하는 처사이다. **만일의 사태에 대비한 매뉴얼대로 안전과 재난 훈련을 생활화하지 않았으면, 빈번한 자연재해와 그에 따른 대형 사고들을 극복할 수조차 없었을 것이다.**

일본은 생활 속의 안전을 중시하는 매뉴얼의 나라다. 동경에서 내가 거주했던 5층 주거건물 외벽의 도색공사가 시작되었다. 몇 주 전부터 공사알림표시를 하더니, 건물 외벽 전체를 사다리를 엮어놓은 것 같은 이동시설과 포장을 했다. 처음엔 대대적인 외벽수리를 하나 보다 했다. 안내문을 보니 공사기간이 2달이란다. 한국에선, 수백 가구가 사는 아파트 단지 전체 도색작업도 열흘이면 충분한데 기껏 페인트칠에 2달이라니……. 하지만 시간이 지나면서 생각이 달라졌다.

인적도 없는 인근 길목까지 '공사 중 위험' 표시판을 설치하더니 밤에는 야간 경광등을 켰다. 주민들의 의사를 일일이 물은 다음, 동의한 세대에 한해 안전표시판을 다시 세우고 작업을 해나갔다. 그 후, 단계적으로 세척팀 작업 후 며칠 뒤 안전팀의 점검, 창문실리콘 작업, 또 며칠 후 점검, 코너 부분 특수코팅 작업, 또 며칠이 흐르고 점검……. 공사관계자에게 물어보니 다 작업안전 매뉴얼에 따른 조치들이라고 한다. 잔잔한 감동이다.

지상전철이 많은 일본, 특히 동경권에는 건널목이 많은 편인데, 건널목마다 이중 삼중의 차단장치와 지킴이 아저씨들이 봉사를 하고 있다. 그런데 종종 전차가 (인신사고나 안전문제로) 급정거해 승객들이 쏠리거나 넘어져도 놀라기는 커녕 침착한 모습에 내가 되레 얼떨떨했다. 한번은 하차할 역에 거의 다다른 곳에서 전철이 10여 분이나 멈췄는데, 사유인즉 전방의 건널목 문제라고 했다. 차단기의 작동은 문제없는데, 차단기에 부착되어 있는 경고등이 원칙대로 점멸하지 않았다는 이유(라고 나중에 들었)다.

이런 상황에서 우리의 경우라면 어떠했을까? 아마 전차는 잠시 멈추었다 매뉴얼을 무시하고 역에 진입했을 것이고 건널목에서도 역무원의 수신호를 받으며 진행했을 수 있다. 차단기 경고등 고장은 그 후에 수리됨으로써 아무 탈이 발생하지 않은 것으로 '상황종료'되지는 않았을까?

빈번한 신호기 오류에도 불구하고 적절한 조치 없이 운행하다 추돌사고를 낸 서울 지하철 2호선 을 보면 그렇지 않았을 것이라는 확신이 없다. 안전에 관해서는 작은 부분에도 원칙을 지키는 일본의 사고와 행동방식이 '신속히', '상황에 맞게 적당히'에 익숙한 우리에게 귀감이 될 수 있지 않을까.

더불어 생각해볼 것은 불편하더라도 '원칙을 준수'하는 경우와 '상황 따라 적당히' 하는 경우 중 과연 어느 쪽이 우리 사회와 국가적 관점에서 효율적일 것인가의 문제이다. 눈앞의 비용부담과 편리함의 유혹 때문에 '안전'이 무너지게 될 경우 그 경제적 부담은 배가되어 우리 모두에게로 되돌아오게 될 것이다.

하나

삼풍백화점 붕괴사고

'사고공화국'이라는 오명의 정점에 삼풍백화점 붕괴사고가 있다. 1995년 6월 29일 서울 서초동 소재 삼풍백화점이 갑자기 붕괴되어 무려 502명의 사망자와 천 명 가까운 부상자를 낸 국내 사상 최대의 참사로 기록된 사건이다.

붕괴원인은 원칙을 무시한 편법적 건설과 불법적 용도변경에 따른 부실시공, 불법적 확장 증축과 안전을 무시한 운영 등 세월호 사고와 매우 흡사하다. 더욱이 신축한 지 5년밖에 되지 않았음에도 붕괴 1년 전부터 벽에 균열이 생기기 시작했고, 사고 몇 개월 전에는 기둥이 기울어지는 등 본격적인 붕괴 위험신호가 나타났다. 심지어 당일 오전에는 천장이 내려앉고 진동이 계속되어 붕괴 2시간 전에 긴급대책회의가 열렸다. 그런데도 회장과 경영진은 고객대피가 시급하다는 건축소장의 주장을 무시하고 보수하는 쪽으로 결론을 냈으며, 붕괴가 시작되자 고객의 안전은 뒷전인 채 자신들만 건물 밖으로 대피했다(자세한 경위는 해당 기사나 자료를 참조할 수 있다). 한마디로 안전불감증과 도덕불감증의 화합물이었다. [이 글의 내용 중 일부는 저자가 기고한 동아일보(2014년 12월 1일자 A29면), "매뉴얼 고지식할 만큼 지키는 日전철"에서도 소개되었다.]

 둘

서울 지하철 2호선 추돌사고

갑자기 '쾅' …… 순식간에 '아수라장.' 지난해 5월 2일 오후 3시 35분경 내 스마트폰에 붉은색으로 뜬 뉴스특보였다. 당시 나도 지하철 7호선 속에 있었던 터라 2호선 상왕십리역에서 발생한 추돌사고 뉴스에 깜짝 놀랐다. 역에서 출발하려던 전동차를 뒤따르는 전동차가 추돌한 사고였다. 다행히 사망자는 없었으나 237명의 승객과 1명의 기관사가 부상을 입었다고 한다.

당시 추돌 원인은 신호기 2개의 고장으로 밝혀졌다. 원래는 신호기가 '주의-정지-정지'의 순으로 표시되어야 하지만 사고 당일은 '진행-진행-정지' 순으로 표시되었다고 한다. 이에 뒤따르는 열차의 자동멈춤장치가 작동하지 못했고, 기관사가 급히 수동으로 멈춤을 시도했지만 추돌이 일어났다고 한다.

해당 신호기가 사고발생 4일 이전부터 오류를 일으킨 상태였지만 아무도 발견하지 못했다는 점이 더 큰 문제였다. 그야말로 요행을 바라는 안전불감증의 '귀감'이라 할 만하다.

02

징벌적 손해배상:
포드의 핀토와 맥도날드 커피

핀토 사건과 맥도널드 커피 사건

우리뿐만 아니라 세계적으로도 경차의 인기가 높다. 저렴한 가격에 더해, 각종 사양을 추가해서 중형차보다 편의성과 안전성이 덜하지 않다는 인식이 한몫을 했다. 무엇보다도 치솟기만 했던 기름값을 절약할 수 있기 때문일 것이다.

지난 70년대 후반에 미국의 경우도 두 차례의 오일쇼크(Oil Shock) 하나로, 가솔린값이 천정부지로 뛰었다. 그래서 당시 포드 자동차사(Ford Co.)가 개발한 에너지 절약형 소형 승용차 '핀토'가 큰 인기를 누렸다. 하지만 불행히도 캘리포니아 주에서 핀토가 추돌해 연료탱크가 폭발하면서 17세 소년이 전신 화상을 입는 사건이 일어났다. 피해자 측은 핀토의 연료탱크 설계결함을 이유로 소송을 제기했고, 1억 달러가 넘는 승소평결을 받았다. 또 다른 핀토 사고로 51세 여성이 사망하는 등 관련된 사건이 연이어 발생했다.

이와 같이 제품의 결함(缺陷)으로 손해가 발생했을 때 제품을 만든 회사가 자신의 과실 여부에 상관없이 그 책임의 일정 부분이나 전부를 지는 손해배상책임이 바로 제조물책임(PL: Product Liability)이라는 법제도이다.

당시 포드사가 패소하여 거액을 배상하게 된 것은 잘못된 설계에 기초해 자동차를 만든 데 주된 원인이 있었다. 하지만 사실 재판과정에서 드러났지만, 회사가 판매 초기단계에서 핀토의 가솔린탱크에 결함이 있음을 알고 있었음에도 제때에 리콜과 같은 적절한 안전조치를 하지 않은 점도 결정적인 패소 요인이 됐다. 그렇다면 **왜 사건 초기에 안전조치를 하지 않았을까? 바로 경영자의 안일한 판단 때문**이었다.

재판과정에서, 피고인 포드사에 불리한 내부 자료가 폭로되었는데, "핀토를 모두 리콜하는 것보다는 발생된 사고에 대해서만 배상해주는 것이 회사에 더 유리하다"라고 하는 경영진의 회의 내용이었다. 재판에 참여한 배심원들은 당연히 포드사 경영진의 도덕성과 안전불감증을 질타했고, 보통의 배상액보다 훨씬 높은 1억 2천 850만 달러의 징벌적 성격의 배상을 평결했다. 한마디로 괘씸죄에 단단히 걸린 것이다.

핀토 사건 이후 제조물책임제도가 제조사에게 보다 엄한 법적 책임을 물리는 경향을 보였고, 그 결과 오늘날의 제조사 책임 위주의 배상책임 법원칙이 형성되어 왔다.

사전에 리콜과 같은 안전조치를 하든지, 아니면 사후적으로 손해배상(이나 피해보상)하든지 하는 선택의 문제는 시장경제에서 제조사가 선택해서 결정할 문제이다. 하지만 세계적으로 제조물책임제도가 제조사에게 보다 엄격한 책임을 물리는 경향이 있어, 제조사들도 가급적 예방 차원의 안전조치에 더 노력하고 있는 실정이다.

핀토 사건에 더해 유명한 판례인 맥도널드 커피 사건을 보면 제조물책임에 대한 이해가 더 쉽다. 미국의 뉴멕시코 주에서 79세 된 할머니가 맥도널드 드라이 브인(drive-through) 창구에서 산 커피를 운전석에서 쏟아 다리와 힙 부분에 3도 화상을 입었다. 피해자인 할머니는 변호사를 통해 맥도널드사를 상대로 소송을 제기했다. 이 사건에서 법원은 "뜨거운 커피는 조심해야 한다"는 주의경고의무 소홀 등을 이유로 맥도널드사의 제조물책임을 인정해 총 286만 달러를 배상하도록 평결했다. 우리 돈으로 30억 원이 넘는 액수다.

그런데 이 사건에서는 배보다 배꼽이 더 컸다. 평결액 중 실제 발생된 손해에 대한 배상액은 16만 달러였고 나머지 270만 달러는 이른바 징벌적 손해배상이었다.

징벌적 손해배상

가해자의 행위가 악의적이고 반사회적일 경우에 그러한 행위를 다시는 못 하도록 실제 손해액보다 훨씬 더 많은 손해배상을 물리는 사법제도를 징벌적 손해배상(punitive damage)제도라고 한다. 다시 말해 '괘씸죄에 적용되는 벌금' 정도로 이해할 수 있겠다.

아직 우리나라에는 본격적으로 도입되지 않았지만, 영국, 미국, 캐나다 등 영미법 국가들에서는 오래전부터 시행되고 있다. 영국에서는 1763년부터 징벌배상이 인정되었지만 극히 한정된 범위에서만 인정되고 있는 반면, 미국은 1784년의 한 재판에서 처음 언급된 이래 지금은 45개 주에서 징벌배상제도를 채택하고 있다. 미국의 경우는 이러한 징벌적 배상이 만연되어 최근에는 오히려 기업의 부담을 고려해서 징벌 배상액의 상한(上限)을 두려는 움직임도 있다.

징벌적 손해배상의 목적은 일차적으로 재판의 피고(가해자)의 잘못된 행위를 벌하기 위한 것이지만 궁극적으로는 유사한 행위에 관여하는 잠재적 가해행위를 억제하는 데 주된 목적이 있다. 징벌적 손해배상의 주된 관심사는 크게 두 가지이다. 어떤 여건에서 징벌배상을 인정할 수 있는지가 첫 번째이고, 과연 어느 정도가 적절한 배상액인가가 두 번째의 관심사이다.

먼저 첫 번째 문제를 생각해보자. 현실에서 안전제도나 제조물책임제도 등은 완전하지 못하다. 예컨대 어떤 위험한 소비제품으로 각각 1천만 원의 피해를 입은 6명의 소비자 중 두 명만 소송을 통해 각각 1천만 원의 배상을 받는다고 가정해보자. 따라서 소비자들 중 배상받은 비율이 3분의 1이다. 이때 가해 기업이 실제로는 6천만 원의 피해를 입혔음에도 2천만 원만 배상하는 것으로 귀결된다면 가해자인 기업은 지나치게 낮은 수준의 주의를 하게 될 것이다.

앞서 살펴본 핀토 자동차 사건이나 최근의 미쓰비시(Mitsubishi)사의 자동차 결함으로 인한 소송사건의 경우 자동차설계와 제조상의 중대한 결함이 있었음에도 이를 제때 조치하지 않고 발생된 피해나 제소된 사건의 경우에만 대응하는 낮은 수준의 주의를 하는 경영전략을 택했던 것이다. 징벌배상은 이와 같은 경우에 배상금의 총액을 실제 배상해준 금액(이를 '보상적 배상액' 🖐 둘 이라 한다) 이상으로 높임으로써 가해자로 하여금 안전에 더 신경 쓰도록 할 수 있게 된다.

그렇다면 어느 수준의 징벌적 의미의 배상액이 적절한 것일까? 결론부터 말하자면, 보상적 배상액과 '징벌적 배상액'의 합이 피해자(들)의 전체 피해액과 같게 하면 된다.

앞서 든 사례에서 소송에서 이긴 2명의 소비자에게 각각 1천만 원을 배상한 보상적 배상액에 더하여, 4천만 원의 징벌적 배상액을 추가한 6천만 원의 총 배상액을 지급토록 하면 된다(물론 추가적인 소송 등이 전혀 없다는 단순화한 논리이다). 그렇게 함으로써 핀토 자동차와 같은 위험제품을 만든 가해자의 안전불감증 문제를 적어도 이론상으로는 해결할 수 있을 것이다.

이러한 경제적 관점의 사고방식은 법원의 징벌배상액 결정에 중요한 시사점을 제시해준다. 하지만 현실적으로 영미법계 국가의 법원에서 결정하는 징벌적 배상책임을 인정하는 여건과 그 배상액의 크기는 이러한 관점과는 거리가 있어 보인다.

미국의 경우 실제로 많은 소송에서 배심원의 자의적인 판단과 판사의 주관적 결정에 따라 징벌배상액이 결정되는 경우가 많았다. 앞서 소개한 맥도널드 커피 사건이 좋은 예다. 이 사건에서 보상적 배상액의 약 17배가 되는 징벌배상액을 정한 배심원들과 판사의 결정에는 이러한 경제적 논리보다는 자의적인 요소가 훨씬 더 많았던 것으로 보인다.

이러한 실정이니 영미법 국가들의 기업들은 소비자안전을 위한 가능한 조치들을 취하지 않을 수 없었다. 예컨대 커피숍이나 편의점에서 산 뜨거운 음료를 가게 밖으로 가져가려 할(take-out) 경우에, 컵이 넘어져도 내용물이 쏟아지지 않도록 꼭 끼는 뚜껑을 덮도록 했고, 컵 바깥에 화상위험을 알리는 경고 문구를 크게 써넣고 있다. 또 뜨거운 컵을 줄 때 놀라 컵을 놓치거나 손이 데이지 않도록 두꺼운 마분지로 만든 완장 같은 것을 끼우(도록 했다. 또 커피 컵 재질도 온도를 차단하는 재질을 사용하)기 시작했다. **이러한 '미국식'의 징벌적 손해배상제도 덕분에 소비자의 안전이 보다 더 확보되었다**고 할 수 있겠다.

우리나라에서도 오래전부터 이러한 징벌적 배상제도의 도입이 논의되어 왔지만 일반화되지는 않았다. 2011년 처음으로 '하도급법'에 '갑'기업의 '을'회사 기술탈취나 유용을 금하기 위한 징벌배상 규정이 마련되었고, 2013년에는 그 대상 행위를 확대 시행했다. 하지만 다른 분야에는 아직 이 제도가 도입되지 않고 있다.

징벌배상제도의 도입에 관한 찬반논쟁은 여전히 현재진행형이다. 가해자의 안전불감증이나 악의성을 제재할 수 있으면서도 피해자의 실손해액 증명의 부담을 덜어준다는 장점이 있는 반면, 법관의 자의적 판단에 따른 불합리한 결과를 배제할 수 없는 단점도 있다.

징벌적 배상은 '실손해 배상'주의를 근간으로 하는 우리 법 체계와는 상당히 다른 제도이다. 막대한 배상금만을 노린 소송급증의 우려도 있으며 기업활동을 위축시킨다는 반론도 만만찮다. 하지만 소비자안전과 위생, 보건, 건강에 관련된 분야에는 징벌적 배상제도의 장점이 월등하다. 글로벌 시장경제체제 아래 징벌적 손해배상제도의 도입과 시행을 보다 적극적으로 검토해야 할 시기이다.

 하나 〜〜〜〜〜〜〜〜〜〜〜〜〜〜〜〜〜〜〜〜〜〜〜〜〜

오일쇼크(oil shock)

두 차례에 걸친 1970년대의 석유 공급 부족과 석유가격 폭등으로 세계경제가 큰 혼란과 어려움을 겪은 일을 오일쇼크 또는 유류파동이라고한다.

제1차 오일쇼크는 1973~1974년 이스라엘과 아랍국가들 간의 이른바 중동전쟁 당시 아랍 산유국들의 석유 무기화 정책으로 발생됐다. 중동전쟁 시점인 1973년 10월 16일 석유수출국기구(OPEC) 걸프만안위원회는 일방적으로 원유가격 인상을 결의했고, 그 결과 석유가격이 4배 가까이 급등했다.

이러한 오일쇼크가 진정된 이후 1978년 말부터 지속적인 유가상승 현상이 나타났는데 이를 제2차 오일쇼크라고 한다. 제2차 오일쇼크는 1978년부터 시작된 이란의 이슬람혁명이 직접적인 계기가 되었고 사우디아라비아의 감산조치가 이를 증폭시켰다. 세계 두 번째의 석유수출국이었던 이란이 석유수출을 금지하는 조치를 단행하고 사우디아라비아가 감산함으로써 석유의 공급이 부족해지자, 국제 석유가격이 두 배 이상 급상승하고, 그 결과 전 세계가 경제적 위기와 혼란을 겪게 되었다.

해외 의존도가 높았던 당시의 우리나라도 큰 경제적 위기를 겪었다. 소비자물가가 1차 쇼크 때는 25%, 2차 쇼크 때는 40% 가까이 올랐고, 경상수지 적자와 심각한 외채문제를 겪었다.

 둘 ～～～～～～～～～～～～～～～～～～～～～～

보상적 손해배상(compensatory damages)

불법행위 소송에서 가해자로 하여금 피해자의 실제 피해에 상응하는 액수만큼 배상토록 하는 것을 보상적 손해배상 또는 전보적 손해배상이라고 한다. 경제적 관점에서는, 가해행위로 인한 피해자의 손해가 없었을 시의 상황으로 만들어주는 손해배상액 수준을 의미한다.

이러한 보상적 배상액보다 더 많은 손해배상을 부과하는 제도가 바로 위에서 살펴본 징벌적 손해배상에 해당한다.

03

소비자안전을 위한
결함제품의 리콜

안전할 권리는 우리 헌법 제10조에서 보장하는 인간의 존엄과 가치권의 일부이면서 소비자기본법 제4조에 명시되어 있는 최우선적인 소비자의 기본적 권리에 해당한다.

이러한 소비자의 안전권을 보장하기 위한 대표적인 정책으로는, 안전에 관한 행정절차상의 통제기준인 안전 규제(safety regulations), 피해가 발생된 후의 적절한 구제와 보상을 위하여 기업에 배상책임을 묻는 형태의 제조물책임제도, 그리고 제품을 사용할 때의 위험을 줄이기 위한 결함제품의 감시 · 회수의무에 관련된 리콜제도 등이 있다. 그 외에도 위험정보를 적시에 제공하거나 공개하고 소비자를 교육하는 정책수단도 가능하다.

안전확보의 수단	정책의 형태와 의의
안전 규제 (사전 규제)	– 위해정보 수집 · 평가 – 안전검사 · 인증마크: 안전검사, 안전검정, 형식승인, 품질표시, 품질인증 – 리콜제도
사후 규제	– 제조물책임 소송 등을 통한 배상책임 부과 – 재판외분쟁해결(ADR)
위험정보의 공개	– 근본적인 제품안전성 확보 수단
교육 · 홍보	– 근본적인 제품안전성 확보 수단
기타	– 형사적 제재, 사회적 관습

이 중 리콜제도는 문제가 있는 제품을 수리해주거나 교환해준다는 의미이다. 위해 가능성이 있는 제품에 대해 해당 기업이 자발적으로 리콜을 실시(voluntary · uninfluenced)하거나, 리콜토록 강제(mandatory · compulsory recall)하는 것을 의미한다. 이 제도는 기업들에 제품의 위해정보를 일반에 공개하고 결함제품을 적절히 회수하도록 유인하는 좋은 정책수단이 된다.

이러한 리콜제도는 예방적 차원에서 소비자안전을 확보하고 위해의 확산을 방지하기 위한 중요한 소비자안전제도이다.

우리나라에서는 지난 1991년부터 이 제도가 단계적으로 도입되어 왔다. 자동차, 식품, 건강기능식품, 의약품, 축산물, 공산품, 식수, 화장품 등의 품목들이 관련법에 의해 리콜의 대상이 되고 있으며, 1996년에 개정된 소비자보호법(현 소비자기본법)에 의해 모든 제품과 서비스로 그 대상이 확대되었다.

하지만 이러한 외형적인 법제도의 개선에도 불구하고, 시장에서는 여전히 안전에 문제 있는 제품들의 리콜 조치가 잘 되지 못하고 있다. 결함제품의 리콜에 관한 최근의 통계를 보면, 대부분의 리콜이 자동차, 식품, 의약품 분야에 치우쳐 있다. 소비생활용품을 포함한 수많은 종류의 소비제품 분야의 리콜은 실적이 미미하며 정수기, 압력밥솥 등 일부 품목에 한정되어 왔다.

통계를 보면 관계법에 근거한 리콜건수는 아래 그림에서 보듯이 2005년도의 경우 194건으로 미국, 일본 등 선진국에 비해 매우 낮은 수준이었다. 2007년부터는 약사법에 의한 의약품 리콜제도 시행에 따라 전체 리콜건수가 다소 증가하고는 있지만 여전히 낮은 수준이다. 소비생활용품을 포함한 일반공산품의 경우는 지난 2011년도부터 다소 증가한 것으로 나타나지만 다양한 품목 수에 비해서는 상대적으로 매우 적다. 하나

더욱이 해당 생산자가 자발적으로 리콜을 실시한 경우는 특히 일반공산품의 경우 극히 미미하다. 2013년도의 경우 자발적 리콜이 263건으로 전체의 27%에 해당했으나, 제품안전기본법 등에 근거한 일반공산품의 자발적 리콜은 8건에 불과했다.

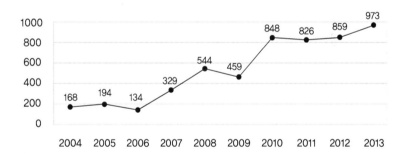

자료: 공정거래위원회 보도자료(2014.7), 단위: 건

이러한 현실은 곧 '결함제품의 효과적인 제거를 통한 소비자안전의 확보'라는 리콜제도 도입의 취지에 못 미칠 뿐 아니라, 경제적인 측면에서도 비효율적 제

도 운영으로 인한 사회적 비용이 적지 않다.

이와 같이 안전에 취약한 제품의 리콜이 여전히 활성화되지 못하고 있는 원인에 대해서는 여러 관점이 있을 수 있다. 무엇보다도 **시장에서 기업들이 자사의 결함제품을 자발적으로 리콜하기 위한 경제적 유인이 충분하지 않은 점이 주된 이유**라고 생각된다.

여기서 말하는 자발적 리콜의 경제적 유인으로는 여러 가지가 있을 수 있다. 안전에 관련된 행정절차적 규제, 결함제품에 대한 제조물책임, 소비자와 언론의 리콜시행 기업에 대한 긍정적 또는 부정적 이미지, 기업과 소비자의 리콜에 대한 인식 등에 관련된 사항들이 모두 기업들이 자발적으로 리콜 조치토록 하는 경제적 유인으로 작용하게 되는 것이다.

리콜제도의 활성화를 위해서는 자발적 리콜을 가져오는 이러한 요인들에 대한 구체적인 연구와 정책 당국의 관심이 필요한 시점이다.

 하나

정부의 여러 부처의 자료에서 파악한 연도별, 품목별 리콜 현황을 표로 일목요연하게 정리해보았다.

연도		2000	2001	2002	2003	2004	2005	2006	2007	2008	2009	2010	2011	2012	2013
품목	자동차	40	39	72	59	134	137	77	63	137	75	131	179	73	88
	공산품	0	8	8	4	19	8	9	18	6	44	35	142	175	196
	식품	1	18	23	11	15	49	47	108	219	143	513	332	350	316
	의약품	–	–	–	–	–	–	–	140	182	230	166	172	244	233
	기타	0	1	0	0	1	0	1	0	0	3	3	1	17	140
합계		41	66	103	74	168	194	134	329	544	495	848	826	859	973

04
안전사고 적극적 대응과
기업 신뢰도

TV 폭발로 인한 화재 사건이나 학교 단체급식 식중독사고 등 소비재나 식품에 관련된 사고 소식을 신문이나 뉴스를 통해 이따금 접하게 된다. 아직까지 뚜렷한 원인을 찾지 못하고 있는 자동변속 자동차의 급발진사고 등 제품의 안전성 결함으로 인한 신체나 재산상의 피해 소식도 끊임없이 들려온다.

다른 소비자문제와는 달리, 이러한 제품안전에 관련된 문제는 당사자 간의 자체적인 해결이 쉽지 않다. 왜냐하면 자동차 급발진사고와 같이 일단 사고가 발생하면 그 피해가 적지 않으며, 경우에 따라서는 상해나 사망과 같이 회복이 어려운 상황이 초래된다. 또한 사고의 원인이 제품의 결함 때문인지 아니면 피해자의 과실 때문인지 여부를 가리기 어려워 당사자 간 분쟁은 피할 수 없는 일이 된다.

정부에서는 이러한 제품에 관련된 사고를 미연에 방지하거나 최소화하기 위한 여러 안전 제도를 시행하고 있다. 앞에서도 살펴봤던 리콜제도가 그 좋은 예이다.

몇 해 전에 국내 굴지의 가전회사가 폭발 가능성이 있는 문제의 밥솥들을 5만 원의 보상금까지 지급하면서 회수(recall)한다고 대대적으로 광고한 적이 있다. 이는 결함제품으로부터 소비자를 보호하기 위해 회사가 자발적으로 시행하는 리콜제도의 한 형태이다. 다행히 전기밥솥의 경우는 회사의 적극적인 조치로 문제가 커지기 전에 사고를 예방할 수 있었다.

최근에는 이와 같이 소비자안전을 중요하게 생각하는 기업들도 많아지는 것 같다. 하지만 소비자 입장에서 볼 때 아직도 소비자안전이 무시되거나 등한시되어 발생되는 사건사고를 종종 보게 된다. 일부 업체이긴 하지만, 제품의 구조적인 문제로 사고가 발생되더라도 이를 숨기거나 발생된 사고에 대해서만 음성적으로 무마하려는 사례가 적지 않다. **대기업의 경우도 예외는 아니다. 더 이상 사고가 생기지 않으면 다행이지만, 불행은 예고 없이 찾아올 수 있는 것이다.**

도요타(Toyota)사나 미쓰비시(Mitsubishi)사가 자사의 자동차에 중대한 결함이 있음을 알고 있었지만, 적절한 안전조치를 하지 않고 숨겨오다가 들통이 나 결국 회사가 큰 위기에 처했던 경우는, 안전을 등한시하는 일부 업체들에게 경종을 울리는 좋은 사례이다.

아무리 좋은 기술로 최선을 다한다 해도 사람이 만드는 제품은 완벽할 수 없다. 제품을 설계할 때나 만들 때, 그리고 소비과정에서도 사용정보가 제대로 전달되지 못한 하자나 결함에 의한 안전사고가 생기기 마련이다. 하지만 **소비자가 신뢰하는 경우는, 문제를 숨기기보다 제때에 안전조치를 하는 기업이다.** 기업들은 자사 제품에 문제가 발견되면 소비자가 모르더라도 가급적 빨리 리콜하는 것이 바람직하다. 앞에서도 보았듯이 장기적으로는 회사에 이익이 된다.

자동차 급발진사고와 같이, 정확한 사고원인을 알 수 없는 경우에는 제조사의 입장에서도 선뜻 리콜과 같은 안전조치가 곤란한 경우도 있을 것이다. 하지만 유사한 사례가 많이 있었던 미국에서는 급발진사고에 관련된 소송에서 제조사가 패소하는 경우도 종종 있었고 제조사들도 기술적 원인규명에 적극적인 것을 볼 때, **제조사들도 차체의 설계와 제조상의 결함 가능성에 대해 보다 정밀히 분석해보고 또 피해자들의 억울함에 귀 기울이는 보다 적극적인 대응이 필요하다.**

 하나

성공적 리콜 사례들

소비제품의 리콜에 관련된 사건사고 사례들은 많다. 우리에게 잘 알려진 사례는 대부분 회사들이 큰 비용부담과 이미지 타격을 입게 된 부정적인 경우이다. 근래의 도요타자동차 리콜 사건, 미쓰비시 자동차 사례, 일본의 소니 전지 리콜 사례 등이 대표적인 예이다. 하지만 적절히 리콜 조치를 해서 회사의 추가적인 이미지 훼손을 막았거나, 막대한 리콜비용이 들었지만 장기적으로는 '소비자안전을 우선시하는 회사'라는 긍정적 이미지를 얻음으로써 오히려 회사에 이득을 준 사건 사례도 적지 않다. 우리나라 LG전자의 전기밥솥 리콜 사례와 삼성전자의 양문형 냉장고의 리콜 사례, 미국의 타이레놀 리콜 사례 등이 그 좋은 예이다.

05

과실 여부 판단의 기준:
핸드 판사 공식

다툼이 생겼을 때 그 해결 기준에 관한 법경제학 에피소드를 독자와 나누려고 한다. 딱딱한 법과 어려운 경제학이라는 선입관으로 그냥 지나친다면 후회할지도 모른다. 교육방송(EBS) 방송교재에도 소개될 만큼 일상생활의 양식이 되는 내용이다.

남을 해코지했거나 하자 있는 제품을 만들어 피해를 준 사람이나 회사는, 만일 피해자가 소송을 한다든지 하면 법적으로 보상해줄 의무가 생긴다. 하지만 **법정에서 가해자가 자신의 과실을 인정하지 않으면 어떻게 해야 할까? 판사는 어떤 기준으로 판결을 내릴까?**

우리 민법의 불법행위 규정을 보면, 고의나 과실로 타인에게 손해를 입힌 자는 그 손해를 배상할 책임이 있다. 이때, 고의적인 불법행위의 경우 손해를 배상할 법적 책임이 있는 것은 당연하다 할 것이다. 하지만 과실에 따른 손해의 경우에는 어떤 기준으로 과실이 있었는지 또는 없었는지를 판단하느냐가 매우 중요한 법 정책적 과제 중의 하나이다.

일반적인 법 해석으로는 '보통사람(일반인)'의 주의(注意) 정도를 기준으로 하고 있다. 한마디로 특정 개인이 평상시에 조심하는 주의 정도를 기준으로 하는 구체적 과실이 아니라, 이른바 평균인 내지 표준인의 주의 정도를 표준으로 삼는다는 것이다.

이러한 과실판단 기준의 의미를 좀 더 객관화해서 경제적 논리에 접목한 유명한 기준으로 이른바 핸드 판사 공식(Hand's rule)이라는 것이 있다.

미국의 핸드(Learned Hand)라는 판사 ◈ 하나는 한 소송사건 ◈ 둘에서 유명한 공식을 제시했는데, 사건의 개요를 통해 살펴보자.

> 1944년 초 뉴욕 항의 선착장에 매어둔 Anna C라고 하는 바지선이 침몰했다. 당시 선주는 자신의 바지선을 예인하기 위해 예인선 한 척을 고용했다. 예인선의 선원은 예인하려는 바지선에 아무도 없는 것을 확인했고, 그 바지선을 올바른 위치에 정박시키려고 했으나 배를 선착장에 매어두는 계선줄이 느슨해져 옆의 다른 배와 충돌하면서 바지선이 선적된 화물과 함께 침몰해버렸다. 침몰된 바지선의 선주(원고)는 예인선 승무원이 계선줄을 잘못 조정해 사고가 발생했다는 이유로 피고인 예인선의 소유자를 상대로 손해를 배상하라는 소송을 제기했다.

이에 대해 예인선의 소유자는, 바지선 선주 역시 담당자가 자리를 지키지 못한 과실이 있다고 주장했다. 한편 바지선의 담당자는 당시 계선줄이 정확히 매어져 있었다고 주장했다. 이 사건의 판결문에서 핸드 판사는 다음과 같은 이유로 원고인 바지선 선주의 과실이 인정된다고 판결했다.

모든 배는 정박 중에 계선줄이 느슨해져 이탈할 가능성을 배제할 수 없는데, 그런 상황에서 선박 소유자의 의무는 다음과 같은 세 가지 조건에 달려 있다. 첫째, 배의 계선줄이 느슨해질 (그래서 다른 배에 손해를 입힐) 확률, 둘째, 그러한 사건이 생길 때 다른 배에 미칠 피해의 크기, 마지막으로 그러한 사건을 방지하기 위해 드는 비용. 이러한 사항을 정식화해보면, 사고확률을 P, 손해를 L, 사고회피비용을 B라고 할 때 만일 B가 (P×L)보다 작은 경우라면 배 선주의 책임이 인정된다.

이 사건에서 볼 때, 사고회피비용(B)이 사고의 예상손해(P×L)보다 작은데도 바지선의 선주가 그 사고의 회피를 위한 적절한 조치를 취하지 않았으므로 그의 과실이 인정된 것이다.

핸드 판사 공식의 의미를 요약하자면, 안전을 위협하는 사고를 막는 데 드는 비용이 해당 사고로 인한 전체 피해액보다 많을 때에는 책임이 없다고 할 수 있지만, 그 반대인 경우는 과실 책임을 져야 한다는 것이다. "보통사람(일반인)에 비해 주의가 부족했다"라고 판결하는 것보다는 판단의 기준이 훨씬 논리적이고 명료해 보인다. 실제로 미국에서는 소송에서 소송 당사자들의 과실의 문제를 판정하는 데 이 핸드 판사 공식이 종종 적용되고 있다.

사실, 현실에서의 분쟁들은 이 사건보다 훨씬 복잡하고 또 누구의 책임인지 판단하기 어려운 경우가 많다. 그래서 잘못이 있는지 여부를 판단하는 데 핸드 판사 공식을 그대로 적용하기는 어려울 것이다. 하지만 어떤 분쟁에서도 법전에 쓰여 있는 기준만으로는 판단이 어려울 경우가 많기 때문에, 다분히 경제 이론적으로 접근한 핸드 판사 공식은 분쟁을 해결하는 데 법의 부족함을 채워줄 수 있는 좋은 방편이 된다.

일상생활에서 일어나는 소비자분쟁의 최종 종착역은 법원의 판결이다. 많은 판결들이 법의 해석이나 적용에 기초하지만, 경제적 관점에서 판단해야 할 경우도 적지 않다. 소비자문제의 상당 부분은 시장실패(market failure)로 인해 발생되는 경제적 문제이고, 그 해법도 우선적으로 경제적인 측면에서 찾아보는 것이 바람직하기 때문이다.

녹음(綠陰)의 계절이 찾아오면 어려워 보일지라도 생활에 유용한 법경제학 입문서라도 찾아보면 어떨까?

 하나

핸드 판사 공식

생소한 내용이라 독자에게 적잖은 부담일 것을 염려하면서도 전하고 싶은 말을 어쩔 수 없이 하게 된다.

나는 20년 가까이 이른바 법경제학(law and economics)이라는 학문에 매달려왔다. 법이나 제도에 대해 경제적 관점, 특히 미시경제학의 분석방법들을 이용해 접근하는 연구 분야가 이른바 '법경제학' 내지 '법의 경제분석'이라는 학제 간 연구(interdisciplinary study) 분야이다. 이 분야는 지난 수십 년 동안 영미법(common law)계 국가들을 중심으로 괄목할 만한 발전을 해왔다. 그 결과 그동안 법학의 고유 분야로 간주되어 왔던 재산권법과 계약법, 불법행위법뿐 아니라 소송법, 형사법, 헌법 등 거의 모든 법과 제도 분야에 대한 경제적 분석이 시도되고 있는 실정이다.

우리나라 제조물책임법이 만들어질 당시 법 제정의 경제적 효과에 관한 논문으로 박사학위를 받은 것을 계기로, 나는 이 학문 분야에 관련된 여러 권의 책을 쓰고 논문을 발표했다. 앞으로의 꿈 중의 하나는 소비자들이 교양적으로 읽을 수 있는 '알기 쉬운 법경제학' 책을 펴내는 것이다. 책을 어렵게 쓰기도 어렵지만 어려운 내용을 쉽게 풀어쓰기가 더 어렵다는 것을 핸드 판사 이야기를 준비하면서도 실감했다. 핸드 판사 공식 역시 법경제학에서 종종 인용되는 사례 중의 하나이다. 나의 책『불법행위법의 경제학』(2012)의 114~120쪽에 있는 이 공식에 관한 내용은 교육방송(EBS) 교재에도 인용되었을 만큼 교양적 지식이 되고 있다.

 둘

핸드 판사의 소송사건

1947년 미국의 연방항소법원에서의 '미국상선 대 케롤예선회사(United States v. Carroll Towing Co., 159 F.2d 169, 2d Cir. 1947)' 소송사건이다.

06
환경오염사고의
새로운 해법

       얼마 전 환경문제 토론회에 다녀왔다. 우리나라를 포함한 지구 전체의 환경문제를 생생하게 전해준 환경부차관의 특강을 통해 우리가 직면한 환경문제의 심각성을 다시 인식할 수 있었다. 나는 환경문제나 관련 정책에 관한 식견이 일천하다. 그렇긴 해도 사회적 문제들에 관한 경제적 해법을 연구해오면서 환경오염의 문제에 관해서도 경제적 관점에서 살펴보았으므로, 환경을 주제로 한 일화로 글을 시작해본다.

지구촌의 환경사고

    지난 1960년대 베트남 전쟁에서의 일이다. 미군은 정글을 없애 베트콩의 게릴라전을 저지할 목적으로 고엽제(Agent Orange)를 사용했다. 오렌지 작전으로 불린 고엽 작전은 말라리아를 매개하는 모기와 거머리 퇴치가 명목적 이유였지만 실제는 베트콩이 정글에 숨을 수 없게 하기 위해서였다.

　전쟁이 계속된 1962년부터 1971년까지 미군은 총 7만 9천 톤이 넘는 고엽제를 비행기로 베트남 전역에 살포했다. 당시 사용된 고엽제에는 발암물질로 알려진 다량의 다이옥신류가 함유되어 있었으며, 그로 인해 피해를 입은 베트남인이 400만 명에 달했다. 전쟁 후 베트남에서는 태아의 절반이 사산(死産)하고, 기형아 발생률도 전쟁 전에 비해 10배에 달했다.

　참전 군인들의 피해가 종전 40년이 지난 지금도 진행형인데, 대표적인 예로 한국의 경우 고엽제 후유증 환자가 2만 4천여 명, 후유의증환자가 7만 5천여 명으로 집계되고 있다. 이들은 대부분 치유할 수 없는 신체피해와 정신질환을 앓고 있으며 일부는 2세에까지 피해가 유전된 사실이 확인됐다.

　지구촌의 환경사고는 고엽제 사건에 비교될 수 없는 대규모 피해를 낸 경우가 많다. 1980년대 인도에서는 수만 명의 인명을 사상케 한 보팔 사건(MIC 화학물질 누출 사건) 하나이 있었다. 그 사고로 알려진 사망자 수만도 2천여 명이 넘었고 5만여 명의 중환자가 발생했다. 1986년 구소련의 체르노빌에서는 원자력발전소에서 방사능이 누출 되어 수십만 명의 사상자와 막대한 경제적 손해를 초래했다. 또 2012년 3월에는 일본의 토호크토가이(東北東海) 지방에서 진도 9.0이라는 초대형 지진과 이어지는 쓰나미(tsunami)로 수만 명의 사망자와 실종자가 발생한 대참사가 있었다. 지구 상에서 가장 높은 수준의 재해대응 체계를 갖추고 있던 일본도 어찌해야 할 바를 알지 못할 정도로 환경대재앙이었다. 그 와중에 후쿠시마(福島) 현의 원자력발전소도 상당 부분 붕괴하여 많은 방사능이 누출됐다. 다행히 체르노빌사고와 같은 대규모 환경사고로 이어지지는 않았지만, 대자연 앞에 인간이 얼마나 무력한지, 그리고 철저한 예방과 대비가 필요한지를 다시 한 번 일깨워준 사건이다.

우리나라의 경우 지난 2007년 말의 서해안 원유누출사고가 대표적인 환경오염사고이다.

이러한 초대형 사고 외에도, 산업화 과정에서 다양한 환경오염사고가 계속적으로 발생하고 있으며 그에 따른 피해가 크게 증가하고 있다.

환경문제의 다양한 해법

환경오염사고로 불리는 이러한 환경문제는, 경제적 시각에서는 이른바 오염물질의 배출이 불가피한 상품들의 생산 과정에서 나타나는 '외부효과'에 기인되며 이른바 '시장실패'의 하나로 인식된다.

환경오염에 따른 외부효과 문제를 해결하는 방법에는 여러 가지가 있을 수 있다. 환경정책 기본법이나 대기오염 방지법 등을 통해 직접적으로 오염 야기자의 책임을 묻는 방식도 있고, 환경오염을 민법상의 불법행위로 간주하여 그 피해자들이 오염을 초래한 사람들에게 손해배상을 청구하는 방법도 있다. 또한 국가나 사법 당국이 벌금을 부과하거나 구속하는 등 형사적으로 처벌받게 하는 방법도 있다.

하지만 이러한 법적, 제도적 해결방법 외에도 경제적 관점에서의 해법들도 있다. 흔히 경제적 관점은 시장에서의 '효율'을 중시한다. 환경오염의 대처에도 마찬가지다. 오염 야기자나 피해자들이 스스로 문제를 해결토록 경제적 유인을 제공하는 방식들이다. 대표적인 경우가 '환경세를 부과'하는 것과 우리나라에서도 최근에 제도로 만들어진 이른바 '오염배출권을 거래'토록 하는 방식이다.

환경과세 방식은, '피구세' 내지 '배출세'로도 불리는데, 이는 오염자에게 정률의 세금을 내도록 함으로써 부담을 늘려 오염방출량을 스스로 줄이도록 하는 시도이다. 이 방식은 정부의 직접규제 방식에서는 볼 수 없는 오염자 스스로 오염을 줄이도록 하는 경제적 인센티브를 제공하게 된다. 우리나라는 아직 이러한 환경과세가 명시적으로 도입된 사례가 없지만, 일본의 경우 환경기본법에 환경부과금을 포함한 이러한 경제적 조치에 관한 규정을 두고 있다.

오염배출권 거래방식은 정부가 정한 경매나 거래방식으로 오염물질 배출권을 시장에서 사고팔 수 있도록 하는 것이다. 다시 말해 사회에서 수용 가능한 오염물질 배출 총량을 미리 정하고, 그 배출 권한을 국가나 지방공공단체가 공매를 통해 공해물질 배출 기업에 판매하고, 기업들이 오염배출 권한을 시장에서 사고 팔 수 있도록 하는 방식이다.

미국에서는 1990년의 대기정화법 개정 시 이산화유황의 배출량 거래를 법제화했으며, 유럽에서도 지난 2005년부터 시행되고 있다. 우리나라도 배출권거래법이 제정되어 2015년부터 시행되는데, 이제 이러한 경제적 논리를 바탕으로 한 환경문제의 해결 시도가 현실화되고 있는 실정이다.

환경사고의 사후적 해법들

환경과 관련해 해결해야 할 문제들은 매우 많다. 앞서 소개한 토론회에 초청된 한 연사는 환경문제는 모든 정부부처에 걸치는 복합적 정책대상이므로 현재의 환경부를 '부총리급'으로 격상시켜야 된다고 주장할 정도로 환경의 중요성이 더욱 높아지고 있다. 위기의 지구촌을 구하기 위해서는 무엇보다 **지속 가능한 환경을 만들어가야 하고, 그러기 위한 한 방편으로 여러 환경오염사고들을 예방하는 것이 무엇보다 중요하다.**

일반적으로 환경오염사고를 포함한 사고방지를 위한 대책으로는 사전적 예방과 사후적 대책이 있을 수 있다. 녹생성장기본법의 제정이나 배출권거래제도 도입과 같은 대부분의 환경정책은 사전적 예방 대책이다. 하지만 환경문제의 해결을 위한 다른 중요한 측면은 사후적 대책이다. 예컨대 환경오염에 관련된 사고에서 제기되는 중요한 과제 중의 하나로, 피해자에 대한 보상 문제가 있다.

경제원론서를 보면 "시장에서 발생되는 의도하지 않은 부작용(이를 '외부효과'라고 한다)은 기본적으로는 시장에서 당사자들 간에 해결되는 것이 바람직하다"고 되어 있다. 부득이한 경우에 한해서만 정부가 개입하거나 통제해야 한다는 것이다. 그런데 환경훼손이나 오염의 문제는 그렇게 간단하지 않다. 세 가지 측면에서 살펴보겠다.

피해보상에 관련된 문제 중의 하나는, 피해자 전체의 손해액이 매우 큼에 반해, 개별 피해자 각각의 피해는 상대적으로 적기 때문에 가해자에 대한 개별적 법적 대응이 어렵다는 점이다. 예를 들어, 법적 다툼에서 이기더라도 배상받는 금액보다 소송비용이 더 많이 들기 때문이다. 따라서 개별적으로는 소송을 제기할 인센티브가 없는 것이다.

이 경우 해법은 집단적으로 대응을 하는 것이다. 집단소송은 어느 행위나 사건의 피해자가 다수인 경우 일부 피해자가 전체를 대표해 소송을 제기하거나 혹은 각 피해자의 손해가 소액인 경우 다수 피해자의 손해를 일괄해 청구하는 방식이다. 이러한 집단소송은 개별 피해자의 법적 구제를 가능케 해줄 뿐만 아니라 소송 중복으로 인한 행정비용을 줄일 수 있다.

환경사고에 관련된 다른 경제적 문제는, 사고의 피해자들이 가해자 내지 오염자의 고의나 과실행위와 오염물질 배출과의 인과관계 ✍ 셋 뿐만 아니라, 자신의 손해와 오염물질과의 인과관계까지 함께 직접 나타내 보여야 제대로 보상받을 수 있다는 점이다. 특히 사고에 관련된 드러나지 않는 다수의 오염 야기자가 있어서 해당 사고의 야기자를 분명하게 확인하기 곤란한 경우에는 이러한 인과관계의 입증이 더욱 어렵게 되는 애로에 봉착한다. 이 경우의 해법은, "사업장이 2개 이상 있는 경우에 피해자의 피해가 어느 사업장에 의하여 발생한 것인지를 알 수 없을 때에는 각 사업자는 연대하여 배상해야 한다"라는 연대책임, 즉 공동불법행위책임을 물음으로써 문제를 해결할 수 있다.

환경오염사고의 또 다른 문제는 오염물질에 노출된 시점과 그에 따른 신체상의 위해(危害)가 발생하기까지 상당한 기간이 걸릴 뿐 아니라 실제 피해의 발생이 반복적으로 이루어진다. 거리상으로도 오염 발생지와 피해 발생지가 떨어져 있는 경우가 많다. 앞서 소개한 고엽제 에피소드가 그 좋은 예이다. 해당 피해자가 고엽제에 노출된 사실과 현재의 질병 내지 후유증 사이의 인과관계의 입증문제를 차치하고서라도, 전쟁이 끝난 지 40여 년이 지난 지금에도 재판을 통한 피해 구제가 매우 어려운 실정이다. 이러한 문제는 '소멸시효'라는 민법상의 제도를 이용할 수 있다. 불법행위일로부터 10년 내, 피해자가 손해를 안 날로부터 3년 이내에는 언제든지 손해배상 소송을 청구할 수 있다.

그런데 환경사고의 특성상 이러한 10년, 3년 시효가 너무 짧을 수 있다. 일본과 같이 소멸시효를 20년으로 늘릴 필요가 있다. 입법론적 관점에서 피해의 잠재적·진행적 특성을 감안한 시효를 분명히 규정하든지, 실제 판결에서 그러한 사실을 반영해 시효 기산점을 정할 필요도 있다.

마무리하면서

이 글은 나의 전공 분야인 '법경제학'적 시각에서 환경오염의 문제를 바라본 것이다. 독자는 딱딱하고 어려워 보이는 법 이야기를 달가워하지 않을 것이다.

쓴 약이 몸에 좋다고 하면 지나친 비유일까? 가만히 들여다보면 **일상의 생활에서 법을 떼놓으면 할 말이 별로 없다. 다만 법으로 의식하지 않을 뿐이다.** 현대의 지구촌민들은 환경오염을 피할 수 없으며, 이에 대응하는 최소한의 법적 지식은 갖고 있는 것이 좋겠다.

 하나

보팔 사건

1984년 12월 인도 중부의 보팔 시에 소재한 유니온카바이드사(Union Carbide)에서 농약 제조용 MIC(Methyl Isocyanate) 40여 톤이 누출되어 수많은 인명 피해를 야기했다.

사고는 저장탱크에 MIC를 과다 저장, 안전장치를 작동시키지 않고 운전함으로써 MIC가 누출되어 발생되었다. MIC는 제1차 세계대전 시 유태인 학살에 사용된 독가스인 포시겐보다 독성이 5배나 강한 화학물질이다. 이 사고에 의해서 알려진 사망자 수만도 2천여 명이 넘었고 5만여 명의 중환자가 발생했다.

 둘

체르노빌 사건

1986년 4월 26일 구소련의 체르노빌에서의 원자력 발전소가 폭발하여 해당 지역과 인접국들에 막대한 피해를 준 인류 사상 최악의 원자력발전사고로 기록된 사고이다. 공식적으로 9만 3천 명이 사망했고, 방사능 누출에 의해 생긴 암 환자가 약 12만 3천 명으로 집계됐다. 인명 피해 이외에도, 주변의 호수나 강 등이 방사능에 심각하게 오염되었으며, 그 영향이 향후에도 최소 50년 이상 지속될 것으로 전문가들은 예상하고 있다.

셋 〰〰〰〰〰〰〰〰〰〰〰〰〰〰〰〰〰〰〰〰〰〰〰〰〰〰

인과관계(因果關係, causation)

인과관계는 하나의 사건(원인)이 다른 사건(결과)을 일으킬 경우에 둘 간의 관계를 말한다. 이는 원래 복잡하고 철학적인 개념이어서 간단히 이해하고 정의하는 것이 매우 어렵다. 사고에 관련된 인과관계는 대개 법적인 개념으로서, 법적 책임의 범위를 정하는 데 중요한 역할을 한다.

자발적 리콜이 중요한 이유

앞서 소비자안전을 위한 리콜제도의 중요성을 이야기했다. 강조했던 점은, 안전에 문제 있는 제품을 기업이 스스로 리콜하도록 하는 경제적 인센티브(유인)가 부족한 점이었다. 이번 공/감/문/답에서는 기업이 자발적으로 리콜을 하도록 하기 위해 필요한 경제적 유인에 관해 보다 상세히 알아보도록 한다.

리콜의 경제적 함의

리콜제도는 한마디로 결함 있는 상품을 신속히 회수토록 해서 소비자안전을 확보하기 위한 것이다. 어느 정도 알려져 있는 상식이기도 하다. 그런데 경제적 관점에서는 어떤 다른 해석도 가능한가?

리콜제도는 '결함제품이 제때 리콜되지 않음으로써 발생하게 되는 외부효과(externality)를 내부화(internalize)함으로써 사회적 효율성을 달성하기 위한 것'이라는 경제적 의미를 갖는다. 여기서 말하는 효율성은 사적 판단이 아니라 사회적 관점에서의 비용과 편익의 분석에 기초하는 것이다. 어떤 기업이 자사의 결함제품을 자발적으로 리콜할 것인가, 말 것인가 선택은 사적 판단에 의존하지만, 리콜제도 운영의 경제적 목표는 사회적 판단에 따른 경제적 유인을 기업에 제공함으로써 달성될 수 있는 것이다.

상당히 어렵게 들린다. 좀 더 이해가 쉽게 설명해달라. 결함 있는 제품들이 시장에서 제때 회수(리콜)되지 않는 이유가 뭔가?

안전에 문제 있는 제품을 리콜하지 못해 발생했던 대부분 사건 사례에서의 문제는, 기업들이 자진해서 리콜을 시행할 때 드는 비용이 리콜하지 않았을 때 드는 비용보다 더 크다고 판단했다는 데 있다. 그 점이 스스로 리콜하지 않는 주된 이유이다.

우선 기업들이 리콜할 때 어떤 비용이 드는지 생각해보자. 결함제품의 리콜을 언론 등을 통해 알리는 비용, 조사·수거비용, 피해 입은 소비자에 대한 보상비용, 회사나 해당 제품에 대한 소비자들의 부정적 이미지, 주가하락, 대외신인도 하락 등 여러 비용이 들게 된다.

다음으로, 리콜을 실시하지 않을 경우, 어떤 비용이 뒤따르게 될까? 우선 피해 소비자들로부터 소송을 당했을 때 드는 손해배상 비용, 안전을 도외시하는 기업이라는 이미지 실추에 따른 사업의 어려움 등의 기회비용이 대표적이다. 이러한 상황에서 이윤극대화를 추구하는 기업은 리콜 시의 비용을 리콜하지 않을 때의 드는 비용보다 크게 판단해버리는 경우가 많다.

😲 그에 따라 기업들은 비용이 적은 쪽, 즉 리콜하지 않는 쪽을 선택하는 경우가 많다는 의미로 들린다. 하지만 국가 차원에서 리콜제도를 운영할 때는 그러한 기업 입장의 판단이 국가나 사회를 위해서 옳지 않다는 것을 강조해야 할 것 같은데.

🎙 그렇다. 결함이 있는 제품이 제때 리콜되지 못함으로써 발생되는 안전사고나 피해는 일종의 '사회적 비용'이다. 기업 스스로가 직접 부담해야 하는 비용이 아니더라도 결국 사회가 부담해야 할 사회적 비용이 발생되는 것이다. 그래서 만일 기업이 자발적으로 리콜을 하지 않을 경우 국가가 리콜명령과 같은 강제 수단을 동원해서 리콜토록 하는 것이다.

😲 이해가 쉽도록 사회적 비용의 예를 들어 설명해주면 좋겠다.

🎙 리콜에 관련된 가장 큰 사회적 비용은 사고발생에 따른 소비자들의 인적 위해(危害)와 물적 손해(損害)이다. 부품업체나 하청업체를 포함한 산업 전반에 야기되는 시간적 비용과 경제적 비용도 이에 포함된다.
문제가 생기지는 않았지만 그 가능성이 있다는 이유로 제품을 리콜하게 되면 소비자들이 잘못된 인식과 선택을 할 수도 있다. 예를 들어, 제품이 시장에서 회수되면 소비자의 선택의 범위가 줄어드는 문제가 생기고, 경우에 따라서는 시장에 남아 있는 제품은 안전하다는 무의식적인 인식을 할 수도 있다. 실제로는 그 제품이 안전하지 않음에도 소비를 하게 되고 또 주의심이 약해질 수 있다. 이 또한 사회적 비용이다.

리콜의 경제적 유인

🎙 그래서 신속하고도 자발적인 리콜이 바람직하다는 의미인데, 어쨌든 자발적으로 리콜하지 않으니 리콜명령과 같은 강제리콜 수단을 동원해야 하지 않나? 어떤 법에서는 리콜을 권고하는 규정도 있다고 들었다. 이러한 강제리콜제도도 기업의 자발적 리콜을 유도할 수 있나?

🎙 식품위생법이나 약사법, 제품안전기본법, 자동차관리법 등에는 자진리콜뿐 아니라, 말씀하신 리콜명령이나 리콜권고 규정들을 두고 있다. 그런데 이러한 강제 규정들 역시 기업들이 자발적으로 리콜토록 하는 제도적 유인장치로서의 의미가 더 크다.

예를 들어, 리콜권고의 경우도 결국 결함제품의 위험 여부를 가장 잘 알 수 있는 해당 기업에 스스로 리콜을 시행토록 하는 유인장치의 기능을 수행하는 것이다. 미국 등 선진국의 경우 해당 정부는 기업의 리콜을 감시 감독하는 기능과 더불어 기업의 리콜 여건을 지원하고 조장하는 역할을 하고 있다. 그렇게 함으로써 기업의 외부효과로 인해 국가가 부담할 수밖에 없었던 경제적 비용을 일정 부분 기업에 전가시켜 해당 외부효과를 내부화토록 하는 것이다. 또한 보다 적은 비용으로 결함제품의 안전문제를 해결할 수 있는 주체, 즉 최소비용회피자(least-cost avoider)인 기업에 리콜을 담당케 함으로써, 위험제품으로 인한 사회적 비용의 발생을 줄일 수 있기 때문이다.

🎙 이윤을 추구하는 기업은 보다 분명한 경제적 계산에 따라 자진해서 리콜을 시행할 것인지 말 건인지를 결정하게 될 것 같은데.

🎙 맞다. 발견된 결함이나 결함 가능성에 대해 리콜함으로써 부담해야 할 비용과 리콜하지 않음으로써 지게 될 비용의 크기를 계산해보고, 만일 자발적 리콜 시행 시의 전체 비용이 리콜을 하지 않을 경우의 전체 비용보다 적다면 해당 기업은 자발적 리콜을 선택할 것이다.

❓ 리콜의 경제적 유인 문제는, 잘못 판단했거나 잘 대응했던 역사적인 사례를 비교해서 살펴보는 것도 좋을 것 같다.

🎙 리콜의 경제적 유인에 대한 오판에 관련된 대표적인 사례는 미쓰비시 자동차 리콜 사례이다. 미쓰비시는 2000년 이후 생산한 자동차의 결함 정보를 조직적으로 은폐해오다 규제 당국에 발각됨으로써, 일본 운수성(현 국토교통성)의 리콜명령을 받게 되었다. 그로 인해 기업의 이미지 실추와 함께 판매부진과 수익악화, 주가폭락으로 이어져 일본 금융청으로부터 '도산우려' 등급을 받는 등 큰 위기에 봉착하는 어려움을 겪었다.

당시 회사의 경영진은 자발적인 리콜보다는 개별 소비자의 제조물책임 클레임에 대처하는 것이 효과적이라는 판단을 내렸다. 다시 말해 자발적 리콜을 함으로써 부담해야 하는 결함제품의 회수비용, 피해 소비자 보상비, 기업이나 해당 제품에 대한 소비자들의 부정적 이미지에 따른 부담 등을, 리콜을 은폐하고 소송을 통해 제기된 개별 피해소비자에 대해 은밀히 보상해주는 비용보다 훨씬 더 크다고 판단한 것이다.

❓ 은폐 사실이 드러남으로써 부담해야 할 비용(발각될 확률×발각 시 보상·배상·이미지 실추비용)을 고려하지 못하였거나, 실제보다 낮게 판단하는 중대한 오류를 범한 것으로 보인다. 그렇다면 그 반대의 사례는 어떤 것이 있나?

🎙️ 리콜의 경제적 유인에 대한 긍정적 판단에 관한 대표적 사례는 지난 1980년대 초에 있었던 타이레놀 리콜의 경우이다.

지난 1982년 9월 시카고에 본사가 있는 존슨앤드존스(Johnson & Johns)사의 진통제인 타이레놀을 복용한 7명의 소비자가 사망하는 사건이 발생했다. 조사 결과 누군가가 시안화칼륨이라는 독극물을 투입한 것으로 나타났다. 당시 회사 경영진은 즉시 자발적 리콜 조치를 결정했고, 모든 사건 경위를 언론에 공개하고 미국 전역에 유통되는 타이레놀 3천만 병을 리콜 조치하였다. 이로 인해 이 회사는 거액의 경영손실을 입어 회생이 불가능할 것으로 보였다. 하지만 예상과는 달리 신속한 자발적 리콜 조치에 대해 언론과 소비자가 호의적으로 반응했다. 불행 중 다행이었다. 이러한 시장에서의 신뢰가 세계적 모범기업이라는 오늘날의 인식의 바탕이 되었다. 타이레놀 리콜 사례는 미쓰비시 경우와는 달리, 자발적 리콜을 선택함으로써 2억 5천만 달러(한화로 약 2천 70억 원)의 막대한 비용을 부담하게 되었다. 하지만 리콜을 회피하였을 때 부담해야 할 제조물책임과 이미지 실추비용 등의 회피비용보다는 적을 것이라는 제조사 경영진의 현명한 사적 판단의 결과이다.

결함제품들이 제때 리콜되기 위해

❓ 이제 안전하지 않은 제품들이 제때 리콜될 수 있도록 하는 방안들을 살펴보자. 어떻게 하면 기업들에게 자발적으로 리콜토록 할 수 있을까?

🎙️ 무엇보다 리콜제도 그 자체를 자발적 리콜의 유인장치로 활용되도록 하면 된다.

앞서도 강조했듯이 리콜권고와 같은 법상의 리콜제도들은 결함제품의 정보를 보다 많이 소유하고 있는 해당 기업에 스스로 리콜을 행하도록 하는 유인장치이며, 강제명령제도 역시 기업의 자발적 리콜을 유도하는 기능을 한다. 리콜시행 기업에 대한 시장에서의 부정적 시각을 획기적으로 바꿔주는 것도 급선무다. 언론과 소비자들의 올바른 역할이 중요한 부분이다.

🔊 선진국의 경우 미쓰비시 자동차 사례에서 보듯이 리콜하지 않음으로써 지게 된 비용이 훨씬 컸다는 경험들이 기업 스스로 리콜토록 하는 유인이 되기에 충분했다. 그렇지만 우리나라는 선진국에서와 같은 제조물책임법리, 징벌배상, 집단소송 등의 제도적 여건이 성숙되어 있지 않고, 실제 소비자들의 인식도 자발적 리콜에 대한 인식이 긍정적이라고 단언하기 어렵다.

🎤 일전에 설문조사를 해보니 기업 역시 이러한 소비자와 언론의 부정적 시각을 가장 우려해 자발적 리콜을 꺼리는 것으로 나타났다.
실제로 LG전자의 전기압력밥솥 리콜 사례에서 보듯 비교적 신속히 자발적으로 리콜했음에도 소비자단체 등으로부터 리콜 지연에 대한 비판을 피할 수 없었다. 따라서 앞으로는 리콜시행 기업에 대한 시장에서의 부정적 인식을 바로잡을 수 있는 여건이 조성되어야 한다. 기업, 소비자, 정부 등이 리콜에 관련된 정보를 가능한 한 공유하는 것이 바람직하다. 앞서 소개한 타이레놀 같은 사례를 열심히 홍보하는 것도 효과가 있을 것이다.

🔊 그렇다면 어떤 대처 방안이 있을까? 제도적 유인책이라도 제공하면 좋을 것이다.

🎙 일종의 '신속 리콜절차'를 제도화해서 적극 활용하면 좋을 것이다. 미국 소비자제품안전위원회의 Fast Track Product Recall과 같이, 정부의 공식적 권고나 명령이 없는 경우에도 자발적으로 리콜을 시행하겠다는 적극적인 의사를 표명한 기업에 대해서는 법에서 정한 리콜절차를 간소화해주는 가칭 '신속한 자진리콜' 규정을 법제화하는 것이 좋겠다.

식품위생법에 도입되어 있는 '위해식품 회수영업자에 대한 행정처분 감면(동법 시행령 31조)'제도와 같이 행정처분을 줄여주는 유인책을 제공하는 것도 좋은 방안이다.

💬 외국의 경우 제조물책임제도가 소비자안전을 지켜주는 역할을 한다.

🎙 제조물책임제도는 발생된 손해에 대해 소송을 통해 배상을 청구하는 손해배상제도이다. 하지만 제도의 원래 목적 중 하나는 결함제품으로부터 소비자를 보호하기 위한 것이다. 다시 말해, 결함 있는 제품을 생산·유통시킴으로써 사고가 발생하여 배상책임소송을 당하면 거액의 소송비용과 배상비용을 부담하게 되므로, 기업이 이를 회피하기 위해 해당 제품을 리콜하거나 경고표시를 하는 등, 사전에 안전조치를 취하는 것이다. 제조물책임제도를 기업들의 자발적 리콜을 이끌어내는 유인책으로, 방편으로 활용할 필요가 있다. 법원에서도 자동차 급발진 관련 소송 등에서 소비자 지향적인 판결을 내릴 필요가 있다.

💬 어려웠지만 시장에서 왜 자발적 리콜의 중요성을 여러 측면에서 살펴보았다. 리콜제도는 예기치 못한 위험으로부터 소비자를 보호하고 안전한 국가와 사회를 만들기 위해 꼭 필요함을 새삼 알게 된 귀중한 시간이었다.

5/부

공정한 사회를
바라다

01

플리바게닝과
우리 사회의 정의

영화 〈모범시민〉과 플리바게닝

갑자기 들이닥친 괴한들에 의해 평범했던 가정의 아내와 딸이 무참하게 살해 당한다. 그것도 남편이자 아버지인 클라이드(Gerard Butler 주연)가 지켜보는 가운데.

범인들은 잡혔지만, 담당검사는 범죄자와 공범에 대한 증언을 조건으로 형량을 5년으로 낮추는 협상, 이른바 플리바게닝(plea bargaining)을 진행한다. 협상을 마친 뒤 검사는 아내와 딸이 살해되는 장면을 포박당한 채 직접 지켜본 클라이드를 앉혀놓고, 협상 결과를 받아들이기를 강요한다. 하지만 클라이드는 거절한다. 결국 검사는 증거부족을 이유로 그들을 풀어주게 되고, 이에 분노한 클라이드는 범인들과 그들을 보호한 정부를 향해 치밀한 복수를 시작한다.

지난 1999년 말 개봉되어 때마침 빈발했던 흉흉한 사건들과 함께 큰 사회적 반향을 가져왔던 영화 〈모범시민(Law-abiding Citizen)〉의 장면들이다.

주인공 클라이드는 미국의 사법 시스템이 몰락했다고 생각하고, 자신 나름의 정의를 실현하고자 했던 것이다. (영화 초반에는 관객의 공감을 받을 수 있다고 생각되나 종반으로 가면서 무서운 악마로 변해가는 주인공의 행태는 사회정의와는 거리가 먼 살인 중독으로밖에 보이지 않았다.)

범죄에 관련된 피의자가 혐의를 시인하는 대가로 검찰이 가벼운 범죄로 기소하거나 형을 낮춰주는 플리바게닝, 이른바 사전형량조정제도는 우리에겐 그다지 익숙하지 않다. 하지만 미국이나 영국과 같은 영미법계 국가에서는 활발하게 시행되고 있고, 프랑스, 이탈리아, 스페인과 같은 일부 대륙법계 국가에서도 제한적으로 채택되고 있다. 예컨대 미국의 경우 범죄 형태에 따라 천차만별이지만 전체 형사기소 사건의 9할 이상이 플리바게닝으로 해결될 정도라고 한다.

우리나라는 아직 이 제도가 공식적으로 도입되지는 않았다. 그 배경은 아마도 범죄자와 협상을 통해서 형량을 조정한다는 점에 대해 국민들의 부정적인 시각과 사회정의에 반한다는 관점 때문일 것이다. 하지만 우리나라도 기소에 대한 검사의 재량을 폭넓게 인정하는 기소독점주의와 기소편의주의를 채택하고 있기 때문에 플리바게닝과 유사한 형태의 수사가 암묵적으로 이루어져온 것이 사실이다.

최근에 들어와서는 이와 비슷한 형사제도의 도입이 추진되고 있다. 법무부에서 지난 2010년 12월 20일 형법 및 형사소송법 개정안을 입법예고하였는데 그 내용 중 하나가 '사법협조자 소추면제 및 형벌감면제'였다. 구체적으로는 부패나 테러, 강력범죄와 마약범죄 등 일정한 범죄에 대해 전체 범죄의 규명에 크게 기여한 경우에 공소제기 자체를 하지 않으며, 모든 범죄를 대상으로 범죄규명과 결과발생 방지 및 범인검거 등에 기여한 경우 형을 임의적으로 감면할 수 있도록 하는 내용을 하고 있었다. 이러한 법무부의 법안은 적지 않은 반발에 부딪히는 등 우여곡절을 겪었다. 그 와중에서 일부 내용이 수정되어 2011년 7월 국무회의를 거치고 국회에 회부되기까지 했으나 통과되지는 못했다.

플리바게닝이 활발한 나라들에 있어서도 영화 〈모범시민〉에서 읽을 수 있듯이 제도의 문제점에 관한 논란은 여전히 진행형이다. 사회정의에 위배된다는 관점 외에도, 변호사의 능력과 협상력에 따라 피의자의 양형이 좌우되는 점, 무죄인 피고가 플리바게닝 과정에서 억울하게 유죄가 되는 경우 등 여러 문제점이 지적된다. 그럼에도 시행 중인 국가의 사법 당국에서는 **이 제도가 "범죄억제라는 형사정책의 목표에 부합한다"**는 견해를 보이고 있다.

플리바게닝의 범죄억제 효과와 사회정의

궁금한 점은 형벌 절차로서의 플리바게닝이 과연 범죄를 막거나 줄이는 데 효과가 있을까 하는 부분이다. 범죄자를 벌하는 주체는 검찰이나 법무부와 같은 형사정책 당국이다. 하지만 현실에서 형량은 각기 목표가 다른 의사결정주체들에 의해 결정된다.

크게 보면 첫째, 범행 이전단계에서는 법제정을 통해 형량이 결정되고, 둘째, 범행 후 체포 · 기소 단계에서는 재판과정을 통해 처벌수준, 즉 형량이 정해진다. 플리바게닝은 이 두 번째 단계에서 핵심적인 역할을 하게 되며 경우에 따라서는 첫 번째 단계에서의 처벌수준을 벗어나는 경우도 없지 않다.

다시 말해 이 두 주체(또는 다른 의사결정주체나 단계) 간의 역할의 크기에 따라서 '범죄억제' 목표와 '확실한 처벌' 간의 비중이 달라질 것이다. 그러므로 플리바게닝이 범죄를 억제하는 데 기여하는지, 그리고 얼마나 기여하는지의 문제는 다른 여러 법적 영역과 마찬가지로 접근하기 쉽지 않은 주제임에 틀림없다.

영화 〈모범시민〉에서 담당 검사는 진실을 규명하기보다는 범행자의 유죄판결을 유도하기 위한 수단으로써 플리바게닝을 활용하려 했다. 실체적 진실과는 관계없이 플리바게닝 절차를 편의적으로 활용하려 한 것이다. 사회정의에 부합되지 않음이 분명하다. 하지만 반드시 그럴까?

플리바게닝제도는 고도로 지능화되어 가는 범죄에 대해 시간단축과 비용절감의 측면에서 매우 유용하다. 적어도 경제 효율성의 관점에서는 사회정의의 원칙에 부합한다고 볼 수도 있다. 보다 적은 사회적 비용을 들여서 범죄에 (충분하지는 못하지만 일정 부분은) 대처할 수 있다는 것이다.

우리 현실에서는 어떨까? 영화에서 보는 검사와 같이 피도 눈물도 없는 법률전문가의 모습은 아닐 것이다. 하지만 어떤 자료를 보니 고소인들이 경찰이나 검찰에 가지는 가장 큰 불만은 고소인에게 직접 증거를 가지고 오라고 요구한다는 점이라고 한다. 고소인에게 이른바 입증책임을 지운다는 점이다. 경찰이나 검찰은 국가가 부여한 의무를 방기하는 것은 아닐까?

플리바게닝에 관련된 경제분석들을 보면 대개 재판 전(前) 단계에서 검사와 피고인 간의 협상을 통한 문제 해결에 관심의 초점이 맞춰지고 있다.

유명한 경제학자인 랜더스(William Landes)는 플리바게닝의 문제를 민사사건에서 재판의 전 단계인 '화해'의 과정과 유사하게 다룬다. 그는 기소자인 검찰의 목표를 주어진 예산제약 아래 '기대형벌의 극대화'로 놓고 논의를 전개한다. 기대형벌 극대화의 배경에는 물론 범죄의 최대한의 억제라는 형사정책목표를 설정하고 있다. 하지만 현실에서 검찰은 다른 개인적 목표, 예컨대 자신의 명성을 높이거나 재신임을 보장받는 데 둘 수도 있다.

어쨌든 이러한 기대형벌의 극대화 목표 아래 검찰은 기소율을 높이기 위해, 그리고 재판으로 가는 부담을 줄이기 위해 피고의 유죄인정 답변에 대한 대가로 이른바 '형량 할인'을 시도하게 되며, 경우에 따라서 기대형벌의 극대화라는 목표를 달성할 수 있다고 했다. (물론 다른 관점에서 플리바게닝 문제를 들여다보는 연구들도 많다.)

이 글에서는 플리바게닝에 관련된 여러 문제를 범죄억제의 효과와 사회정의의 측면에서 조망해보았다. 법적 문제나 제도의 유용성은 보다 적은 비용으로 기대하는 결과를 얻는 것, 다시 말해 효율성의 척도로 살펴볼 수 있는데, 이는 법경제학(law and economics)에서 기초적으로 다루는 분야이다. 관심 있는 독자는 저자의 『범죄와 형벌의 법경제학』(2013)을 읽어보기 바란다.

02

내부고발,
현실적인 대안

세상을 떠들썩하게 한 원전비리의 배경에도 고질적인 퇴직공무원의 이른바 '관피아' 문제가 있었듯이 이번에도 예외가 아니다. 사그라질 듯했던 국민의 공분이 세월호로 인해 다시 점화되었고 언론의 쏟아지는 부채질 속에 폭발 지경이 되었다. 청와대에서는 "관피아 · 철밥통 완전히 추방"이라는 극한적 표현으로 '적폐'와의 전쟁을 위한 포문을 열기도 했다.

그런데 정작 현실적 해법은 잘 보이지 않고 온갖 문제점만 부각되는 느낌이다.

'행정고시 위주의 인사제도가 문제의 뿌리'이며, '전문직이나 기술직을 홀대할 때 알아봤다', '크고 작은 비리의 공직자를 관용으로 대한 것이 문제'였고, '정치권에 줄 대지 못하면 고위공직자의 길은 요원'하다는 세태를 꼬집는다. '정권은 유한하지만 공무원은 무한'하며, 공무원은 장관과 심지어 대통령 머리 위에 있다는 세간의 비아냥거림도 가감 없이 전한다.

'밴드웨건 효과(band wagon effect)'라는 말이 있다. 곡예나 퍼레이드 맨 앞의 악대차가 하는 대로 따라 하는, 유행 따라 물건을 사는, 줏대 없는 소비자를 설명할 때 흔히 이용하는 논리이다. 변변한 해결책도 없이 문제점만 지적하는 악대차의 꽁무니만 따라다닐 것인가?

지금 당장 해법을 찾아 시행해도 늦은 감이 없지 않다. 앞서 제시된 여러 문제점에 대응하는 비슷비슷한 방안들이 오래전부터 제시되어 왔다. 하지만 **우리나라 여건에서 특히 경제비리나 정치비리에 대해 내부고발시스템을 활성화하는 것보다 효과적인 방법은 별로 없다고 본다.**

선진국들은 이미 오래전부터 공직사회의 기강을 세우는 데 이 시스템을 활용해왔다. 정치와 경제가 투명하고 사회복지정책이 잘 정착된 나라들을 보면 고발문화가 몸에 배어 있다.

미국에 체류하던 시절 캐나다 접경 지역의 미 서부 소도시에서 이민생활을 하던 친구와 함께 밴쿠버 만에 꽃게잡이를 갔었다. 단속의 눈길이 없었지만 친구는 낚싯줄에 걸려 올라오는 게의 사이즈와 성별을 확인하고 어린 게나 암놈은 태평양(!)으로 되돌려보냈다. 양심 때문이 아니라 누구나 경쟁하듯 신고하는 이웃들 때문이란다. 이민 초기 시절 그렇게도 친절했던 이웃에게 자랑스레 했던 말이 고발당해 범칙금을 물은 이후부터는 규칙들을 잘 지키게 되었다고 했다.

또 다른 에피소드 하나. 어린 딸애의 고집불통에 감정조절을 못 하고 '체벌'을 했었다. "너 같은 녀석은 학교에 갈 자격도 없다"는 아빠의 호통에 서러운 녀석은 눈이 퉁퉁 붓도록 울었고 3교시가 시작될 즈음 학교에 데려갔다. 담임선생은 나의 인사말보다는 아이의 얼굴을 주목했다. 무릎을 굽혀 아이와 눈높이를 맞추고 말했다. "무슨 일이 있었니? 선생님에게 모든 것을 얘기해줘. 부모님에 관련된 것이라도. 선생님은 언제나 너의 편이란다." 부모까지 망설임 없이 '고발'하라는 말에 가슴이 철렁했다.

지금도 그때의 기억은 가족이 둘러앉은 식탁에서의 일화거리이다. 딸아이는 고맙게도 "아니에요, 선생님. 그냥 슬픈 일이 있어서 많이 울었어요"라고 선생님께 대답했다. 딸아이는 아빠의 이국땅 유치장 신세를 면하게 해준 효녀였다!

선진국들은 흔한 교통위반행위에서부터 조직적 탈세까지 국민들의 자발적 고발로 인해 막대한 행정예산이 절약되고 사회의 안전과 정의가 안착될 수 있었다고 해도 과언이 아니다.

물론 선진국들에서도 내부고발에 대한 인식이 그렇게 좋은 것은 아니다. 동서양을 막론하고 인간사에서 '배신자'가 되기 쉽고 그래서 '왕따'당하는 것이 내부고발자이다.

러셀 크로우 주연의 실화를 바탕으로 한 영화 〈인사이더(insider)〉에서는 내부고발을 한 주인공 제프리 위건드 박사의 온갖 어려움을 담았다. 담배의 유해성을 숨긴 거대 담배회사들의 비리를 폭로한 것이다. 사건의 클라이맥스는 배상과 함께 명예를 회복하는 정의의 승리였다.

이러한 내부고발이 하나의 선진 문화로 정착될 수 있었던 것은 **부정부패를 감시하고 견제하는 일이 건전한 시민의식의 하나로 인식되고 있는 점이다. 그 배경에는 내부고발자에 대한 금전적 보상과 같은 우대정책에 더하여 내부고발 내용이나 고발자에 대한 확실한 신변보호였다.** 미국은 중죄를 지은 내부고발자를 사면까지 해주는 등 특혜와 함께 신변과 정보를 철저히 보호한다.

우리나라는 어떨까? 굴지의 대기업에서 일하던 친구가 있었다. 직장상사의 비리를 회사를 아끼는 마음으로 감사실에 제보했는데 오히려 '조직의 배신자'가 되었고 10년이 넘는 소송으로 감당하기 어려운 고초를 겪었다. 그 친구는 "앞으로는 열 배, 백 배가 넘는 비리와 불법을 목격하더라도 모른 척할 수밖에 없지 않겠냐"고 그 어려움을 토로했다.

우리도 부패방지법이나 공익신고자보호법 하나에서 비슷한 내용을 담고 있지만 위계질서를 우선시하는 사회에서 신고자 보호는 뒷전인 감이 있다. 비리고발자에게 불이익이 없고, 고발내용이 객관적으로 밝혀지는 이른바 성공적인 내부고발은 겨우 손에 꼽을 정도라는 전문가의 분석도 있다. 지난 세월호의 경우에도 청해진해운 직원이 국민신문고에 '청해진 소속 여객선들의 위험'을 고발했지만 소용이 없었다는 뉴스가 있었다.

우리나라처럼 고발문화를 부정적으로 보는 경우도 드물 것이다. '윤 일병 사건'으로 일파만파로 확대된 병영사고나 잘못된 병영문화도 내부신고와 같은 고발문화가 뿌리내리면 일거에 해소될 수 있을 것이다.

내부고발이 일상화되면 지나친 고발로 삭막한 사회가 될 것이라는 비판도 있다. 하지만 이를 통한 특히 공직사회의 부패, 비리척결과 예방효과에 견준다면 그 효용이 훨씬 크다고 본다. 사건사고 때마다 뒤따르는 행정력 미비와 예산부족의 문제가 상당 부분 해소될 수 있을 것이다.

조직을 사랑하는 '정 때문에', **우리 사회의 정상화를 위한 국민의 의무감으로 고발하는 경우가 현금만을 노린 파파라치보다는 여전히 많을 것**이기 때문이다. 선진국에서와 같이 확실한 보호를 받는다는 전제 아래서는 말이다.

TIP 하나 〰〰〰〰〰〰〰〰〰〰〰〰〰〰〰〰〰〰〰〰〰〰

공익신고자보호법

공익을 침해하는 행위를 신고한 사람을 보호하고 지원함으로써 국민생활의 안정과 투명하고 깨끗한 사회풍토의 확립에 이바지하기 위해(법 제1조) 2011년 9월 30일에 제정된 법이다.

법의 주요 내용으로는, 신고자를 누설할 경우 3년 이하의 징역이나 3천만 원 이하의 벌금을 부과할 수 있으며, 국민의 건강과 안전, 환경, 소비자의 이익, 공정한 경쟁을 침해하는 기업, 단체의 공익침해행위를 행정기관 등에 신고했다는 이유로 해고 등 불이익 조치를 당한 경우, 국민권익위원회로부터 원상회복 등 신분보장을 받을 수 있다.

법에서는 공익신고자, 즉 내부고발자를 비밀보장, 신변보호, 보호 조치 등을 통해 철저히 보호하며, 최고 10억 원의 보상금까지 받을 수 있도록 하고 있다. 하지만 이 글의 친구 사례에서 보듯이 공익신고자보호가 허술한 사건이 종종 사회적 이슈가 되기도 한다. [이 글은 동아일보(2014년 5월 12일자 A29면)에 게재된 나의 오피니언(독자투고)을 바탕으로 집필한 것이다.]

03
공직인사, 제자리로

고시 동기 자리 하나 챙겨주는 미덕

국가개조 차원에서 행동에 옮기겠다고 대통령께서 천명했다. 언론에서나 사회적 분위기에서나, 세월호 참사와 관련해서 척결해야 할 첫 번째 적폐는 다름 아닌 퇴직관료의 부당한 재취업 문제라는 국민적 공감대가 있는 듯하다.

저자의 눈으로 보았거나 직간접적으로 경험한 몇몇 단면을 보면 퇴직관료 재취업의 문제가 얼마나 심각하고 나라와 국민의 희망을 꺾는 일인지 알 수 있다.

2013년에 모 정부부처가 퇴직하지도 않은 현직 고위공무원을 감독받는 전문기관의 장(長)으로 앉히기 위해 온갖 술수를 쓴 것이 같은 해 10월 국정감사에서 밝혀졌다. 해당 기관 이사회의 정당한 법적 절차를 거쳐 선임이 확정된 원장 후보자의 승인을 '보류' 조치하는가 하면, 자기 식구가 후보자에서 탈락하자 다시 심의하라는 명령까지 내리고, '응분의 책임이 뒤따를 것'이라며 협박성 언사도 한 것으로 드러났다. 더욱이 해당 부처의 현직공무원이 후보에서 탈락하자 또다시 응모하게 하여 끝까지 자기 식구를 선임시키려 시도했다는 것이 국정감사에서 낱낱이 드러난 것이다.

전직 수장들이 경찰의 기소를 받기까지 했던 또 다른 정부부처의 행태 역시 국민의 공분을 사기에 충분하다. 2014년 초 해당 부처는 산하기관의 고위직에 현직공무원을 퇴직시켜 내려보냈다. 그런데 그 자리는 줄곧 자신들의 '현직' 고위공무원을 응모케 하고, 퇴직시켜 임명해왔다고 한다. 더 큰 문제는 그 사람들이 임명받은 후 자신들에게 주어진 공직의 임기를 채우지도 않고 중도 사퇴하여 조건이 좋은 또 다른 산하단체의 수장으로 판박이같이 옮겨간 것이다.

언론 보도에 따르면, 당시 퇴직 후 2년 동안은 퇴직 전 5년간 속했던 부서업무와 관련된 기업이나 단체에 취업할 수 없도록 규정한 공직자윤리법 ◈하나을 피하기 위해 산하기관으로 우선 자리를 옮긴 뒤, 법망을 피할 수 있는 2년 후에는 다시 고액 연봉의 산하단체로 옮겨갔으며, 그러한 도덕적 해이 현상이 몇 차례나 대물림되고 있다는 것이다.

특정 부처에 국한된 일이 아니다. 2014년 7월 8일자 매일경제 기사를 인용해보면, "○○○○원 고위간부들이 관련 민간업체 대신 관련 협회에 취업해 경력을 세탁한 뒤 2년 뒤 다시 민간업체에 취업하는 방식으로 공직자윤리법을 교묘히 피해온 것으로 확인됐다. 현행 공직자윤리법상 공직자는 퇴직 후 2년 동안 담당 업무와 관련이 있는 민간업체에 취업을 할 수 없도록 하고 있다. ○○○○원 일부 간부들이 이 법을 피하기 위해 '해당 기관→협회→민간 회사'로 이어지는 경로를 통해 경력을 세탁"해온 것이다. (2015년 3월 말부터는 보다 강화된 기준이 시행되었다. ◈하나를 참고할 수 있다.)

인터넷에서 '마피아'나 '퇴직관료', '낙하산' 등의 검색어를 넣어보면 어느 부처에서도 비슷한 사례가 넘쳐난다. 국정감사나 사정기관의 지적과 시정 조치를 받았다는 기사들은 많은데 그러한 행태가 바로잡혔다거나 개선되었다는 기사는 찾아볼 수 없다. 해수부 마피아 문제에서 보듯이 비록 알려지진 않았지만 그들만의 '아성'이라 할 만하다. 정작 당사자들은 이러한 비정상을 그저 관행의 하나로 치부하고 문제로 여기지 않는다는 것이 문제의 심각성을 더한다. "고시 동기나 장차관 선배에게 적당한 자리 하나 챙겨주는 것은 미덕일 수 있다"는 오랜 공직생활을 하고 있는 지인의 말이 납득하기 어렵다.

국민의 정서와는 너무 다른 이러한 시각이 국민의 세금으로 운영되는 정부산하 전문기관과 단체에 전문성과는 거리가 먼 퇴직공무원이 자리를 꿰차왔던 이유가 아닐까? 제2의 세월호가 그로 인해 발생될지도 모르는데 말이다.

공명정대한 공직인사를 위해

얼마 전 읽은 '퇴직공무원이 나라 망친다'는 동아일보 사설 내용이 머릿속에 남아 있다. 포화의 잿더미 속에서 나라의 기틀을 세우고 선진국 문턱까지 이르게 한 주역 가운데 하나가 공직자의 노고였음을 누구보다 잘 알고 있다.

나도 20여 년간 전액 정부예산으로 운영되는 준정부기관에서 일하면서 공무원들의 헌신적인 모습을 적지 않게 보아왔다. 박봉에도 긍지를 갖고 열심히 일하다 퇴직한 나의 형과 친척 아저씨도 그리고 현직에 있는 큰조카도 그들 중 한 사람이다. 그런데 어떻게 지난 세월호 참사의 주역으로까지 지탄받는 '참담'한 지경이 되었을까?

특정 부처 퇴직관료들의 비리뿐 아니다. 불과 몇 개월 전의 일인데도 잊고 있는 '원전 마피아'에서부터 정부부처 출신 인사들을 지칭하는 '정피아'에 관한 부정적 기사들이 여전히 산을 이루고 있다. 기사에 따르면 산하기관과 단체, 심지어 민간업체까지 거의 모든 정부부처의 퇴직관료들이 자신들만의 천국을 이루어왔다고 한다.

원전비리에서 드러났듯이 공무원조직의 끈끈한 인맥으로 연결되어 제 식구 챙기기를 넘어서 수많은 비리에 연루되었음이 밝혀졌다. 자신들은 호의호식하지만 각종 사건사고들에서 보듯이 그 부담은 고스란히 국민에게 돌아간다.

퇴직일로부터 3년간 직무 관련 영리법인에 취업하지 못하게 되어 있는 개정 공직자윤리법도 '적법'한 출신세탁을 하는 이들의 고차원의 전략 앞에서는 무용지물이다. 앞서 보았듯이 정년이 얼마 남지 않은 사람들이 안전한 유관기관으로 내려갔다가 원했던 단체로 메뚜기 뛰듯 하는 경우도 적지 않다. **국민들은 비정상이라고 하는데 정작 당사자들은 당연시한다.** 이러한 공무원과 조직의 행태를 지극히 정상적 관행으로 치부하는 한 대한민국의 미래는 어둡기만 하다.

핵심이 빠졌다. 우리나라 100만 공무원이 다 그런가? 그래서 도매금으로 비난받아야 하나? 단언컨대 결코 아니다. **공무원의 본분을 망각하고 공익과 사익을 분별치 못하는 극히 일부의 선민(選民)병 환자들과 그들에 의해 주도되어 온 공무원 조직의 일부 비정상적 관행**되는 말이다.

건강을 해치면서까지 국민의 공복으로 일하다 은퇴 후 연금으로 생활할 수 있는 것에 감사하는 퇴직공무원이 지극히 일반적인 공무원상임을 오해해서는 안 된다. 대부분의 봉급생활자는 정리해고당하지 않고 정년까지 일할 수 있는 것만으로도 행복해하며, 사회봉사나 자신과 가족을 위한 인생 2막을 설계하게 된다. 60세 정년까지 일할 수 있는 대부분의 공무원도 별반 다르지 않다. 하지만 나 아니면 안 된다는 아집으로 가득 찬 일부의 퇴직공무원은 그렇지 않다. **온갖 연줄과 조직을 통해 정피아의 일원으로 남으려 한다. 그들에게 국민은 받들어야 할 주인은커녕 개인적 영달(榮達)을 위한 한낱 도구로 보일 뿐**이다.

이런 공직자들이 끼치는 해악은 정치권의 경우보다 덜하지 않다. 많은 경우가 전문성과 소양이 부족한 이른바 '보은인사'여서, '내려 받는' 조직에 피해를 줄 뿐 아니라, 적재적소에 필요한 유수한 인재들이 활용되지 못하는 사회적 비용이 적지 않다. 새 정부에서도 공공기관 개혁을 국민들에게 약속했다. 공명정대한 인사가 선결되지 않으면 개혁 노력이 허사가 됨을 적잖이 보아왔다. 관행이라는 이름의 뿌리 깊은 공무원 낙하산 인사도 이번에는 근절되어야 한다.

최근에는 정피아 문제가 불거지고 있다. 정권이나 정계를 의미하는 '정치'와 '마피아'의 합성어, 곧 정치마피아를 의미하는 정피아가 관피아 떠난 자리를 꿰차고 있다는 내용이 주류이다. "전문성 떨어지는 '정피아'가 '관피아'보다 더 문제"라는 유명 일간지의 사설에서 읽을 수 있듯이 늘어나는 정치권 낙하산의 폐해가 우려할 수준이라는 것이다. 300개의 공공기관을 조사해보니 지난 1년간 기관장과 감사직에 관피아는 161명에서 118명으로 43명 줄어든 반면, 정피아는 48명에서 53명으로 늘었다고 한다. 숫자보다도 전문성이 부족한 인사들이 속속 입성하는 것이 더 큰 문제라는 지적이다. 해당 조직에도 해가 되지만 혁신을 바라는 국민의 열망을 외면하는 것이라는 비판을 받는다.

이러한 낙하산 문제를 해결하기 위해서는 공공기관운영법을 개정하는 방안 등이 있을 수 있겠지만, 현행 임원추천위원회(임추위)제도의 운영을 개선하는 것이 더 바람직하다. '공모직'과 '추천직'을 명확히 구분해서 공모직은 말 그대로 투명하고 공정한 절차를 거쳐 유능한 인재를 적재적소에 공개 영입토록 하고, 추천직은 현실을 감안해, 이른바 정치·관료 낙하산 인사를 허용하되 전문성을 필수로 하는 객관적 추천기준에 따르면 된다. 추천직의 경우 피추천인의 역량이나 행태에 관해서는 추천자도 일정 부분 책임지도록 하는 시스템이 마련되면 좋을 것이다.

지금까지의 '공모'형태의 공무원 낙하산이나 정치 낙하산은 대국민 사기극에 다름없다. 임명될 인사를 내정해놓고서도 국민들에게 '자천 타천 응모하라'고 공개 공모해온 것이라면 이는 후진국 행태의 극치이다.

그런데 이번 고위공직자 선발에 '국민추천제'를 시행하기로 한 것은 말 그대로 인사혁신처의 혁신적인 방안이다. 대한민국 국민이면 누구라도 장차관을 비롯해 정무직과 개방직 공무원, 공공기관장에 적임인 사람을 추천할 수 있고, 정부에서는 이러한 국민의 인재추천 의사를 적극적으로 반영하겠다는 제도이다. 이 제도가 잘 정착되기만 하면 말 많았던 정부의 인사문제도 다소간 해소될 것이다. 이러한 개혁들을 통해 이제 우리나라도 좀 더 **성숙한 인재영입 체계가 정착되어 유능한 공직자들이 적재적소에서 국민의 공복(公僕)으로서의 소임을 다할 수 있기를 기대**한다. [이 글의 내용 중 일부는 공감신문(2015년 6월 30일자) "이종인의 세상읽기"를 통해 독자와 함께했다.]

 하나 〰〰〰〰〰〰〰〰〰〰〰〰〰〰〰〰〰〰〰〰〰〰〰〰〰〰〰〰〰〰〰〰〰

공직자윤리법

공직자 및 공직후보자의 재산의 등록과 공개, 공직을 이용한 재산취득의 규제와 퇴직 공직자의 취업제한 등을 정한 법률이며, '관피아 방지법'으로 불리기도 한다.

관피아문제가 사회적 이슈가 되자 전관예우나 관피아 근절을 위한 규제를 강화하는 개정 법률안이 국회에 제출되었고 지난 2014년 12월에 통과되었다. 따라서 퇴직공직자의 취업이 과거에는 2년간 제한되었으나 법 개정으로 2015년 3월 말부터는 '퇴직일로부터 3년간' 유관 기업이나 단체에 취업할 수 없게 되었다. 또 과거에는 소속부서의 업무와 관련이 있는 경우만 제한 대상이었으나 법 개정으로 '소속기관의 업무' 전체를 업무 관련성의 기준으로 삼게 되었다. 위반 시 벌칙도 강화되었다. 이런 법이 없어도 관피아 같은 말이 회자(膾炙)되지 않는 공정한 사회가 도래하기를 국민의 한 사람으로서 소망해본다.

04
법에 우선된 양심과 윤리

고위공직 인사 때마다 예외 없이 불거지는 쟁점 중의 하나가 '표절'이다. 각 분야 최고 수장으로 거론되는 분들의 논문 표절과 대필 의혹은 국민의 공분을 사기도 했다. 공직인사뿐 아니다. 교수사회나 예체능계의 표절문제도 종종 도마 위에 오르내린다.

표절과 우리 사회의 윤리관

타인의 저작물의 일부 또는 전부를 마치 자기의 창작물인 양 몰래 사용하는 표절행위는 저작권 침해와 같은 불법행위이기 이전에 자신의 양심을 버리고 사회적 윤리를 가벼이 여기는 행위이다. 처벌의 대상 여부에 관계없이 도덕적으로도 지탄받는 것은 당연하다. 그렇지만 '연구윤리지침' 하나이 정부에 의해 처음으로 마련된 2007년 2월 이전의 관행을 무시할 수는 없다.

나의 학창 시절 외국 책을 그대로 번역하거나 짜깁기한 수준의 교과서들이 많았다. 물론 출처나 인용표시가 없는 경우가 다반사였다. 지금의 관점에서는 '왕표절'이고, 원저작자의 법적 대응이 있었다면 모두 저작권 침해로 처벌받았을 사례들이다. 학술지 발표논문에 지도교수의 이름을 함께 올리는 것도 당시에는 관행의 하나였다. 나도 학위논문을 준비하면서 수집한 데이터를 분석한 괜찮은 논문에 은사님의 이름을 올려드렸었다. 내가 쓴 논문이지만 은사님의 이름과 함께 발표되는 '영광'이라는 생각까지 했던 터였다. 개중에는 자신의 이름을 제1저자로 올리는 몰염치한 교수도 주변에는 상당수 있었다.

당시의 사회적 여건을 어느 정도 감안할 수는 있어도 관행이라는 이름으로 표절이나 저작권 침해가 정당화되어서는 안 된다. 동일본 대지진 당시 헌정곡 〈피아노 소비나 2번〉을 작곡해 유명세를 탄 일본의 국민작곡가 겐고 쇼이치의 사기극도 🎵 처음에는 타인의 곡을 사고파는 관행적 행위에서 비롯되었을 것이다.

창작과 표절, 모방의 경계선이 분명하진 않지만 **정도를 벗어난 표절과 저작권 침해는 창작의욕을 꺾을 뿐 아니라 우리 사회의 윤리관을 무너뜨린다.**

저작권 침해에 관한 뼈아픈 경험

나 역시 수년간의 고된 번역작업으로 빛을 본 "법경제학(Law and Economics)"이란 제목의 주해 역서의 출판권을 본의 아니게 강탈당한 경험이 있다. 세계적으로 저명한 미 서부 버클리에 있는 캘리포니아대학 로스쿨의 쿠터(Robert D. Cooter) 교수와 일리노이대학의 율렌(Thomas Ulen) 교수가 함께 저술한 『Law and Economics(2nd Ed.)』를 지난 2000년도에 주해를 곁들여 번역해 비봉출판사를 통해 출간했다. 2년 반에 걸친 고된 번역작업 덕분에 쿠터 교수의 초청으로 캘리포니아대학에서 3년간 연구할 수 있었고, 세계의 여러 석학과 교류할 수 있는 행운을 얻었다. 그 책의 내용이 일부 보충된 신판이 나와 해당 내용도 번역해야 했지만, 바쁜 일상으로 차일피일 미루다 2009년에 신판의 번역원고를 완성했고, 원서 출판사에 출판할 예정임을 통보했다.

그런데 그 와중에 놀라운 사실을 알게 되었다. 한국의 모 출판사에서 번역출판권을 사서 3인의 교수에게 그 책의 번역을 나눠 맡겨서 번역출판을 이미 진행하고 있다는 것이었다. 부랴부랴 비봉출판사에 물어보니 금시초문이며 황당해했다. 나에게 한국어번역을 허락했던 원저자인 쿠터 교수는 격분해 원서 출판사에 항의하는 소동까지 벌어졌다. 전후 사정을 알아보니, 번역서가 출간된 지 5년이 넘어 원서 출판사와 판권을 다시 갱신해야 하는데 비봉출판사에서 이를 챙기지 못했고, 원서 출판사의 한국지사에서는 그러한 사정도 확인할 수 없어 나와 비봉출판사에 의해 번역서가 나온 사실조차 몰랐다는 것이다.

원서 출판사의 한국지사에서는 수습방안으로 나에게 공동번역자로 참여해달라고 제안했다. 처음엔 어불성설(語不成說)로 여겼지만, 번역자 3인의 '선의의 피해'를 감안해 어쩔 수 없이 그렇게 하겠다고 했다. 그런데 3인 중 1인은 나의 공동번역자로서의 참여를 거부했고, 이에 다른 2인은 미안한 마음으로 스스로 번역자 신분을 내려놓았다. 결국 그 1인 이름으로 다른 번역서가 출간되었다.

나도 번역저작권 쎗을 되찾기 위해 법적 조치를 준비했지만 바쁜 일상에 밀리면서 실행이 늦어졌고, 이도 내 부덕의 소치라는 심정과 용서하는 마음으로, 어찌 보면 하나의 욕심일 수도 있는 번역저작권 방어를 내려놓았다.

내가 번역한 『법경제학』(2000)은 그동안 적지 않은 독자들에게 사랑을 받았지만 뜻하지 않은 사건으로 더 이상 출간이 어렵게 되었다. 우리말로 된 법경제학 전문서가 빈약한 실정에서 학자와 법조인뿐 아니라 법경제학을 공부하는 많은 학생들이 이 책의 존재를 알았고 애용했는데도 법경제학자라고 자칭했던 사람이 자신만 몰랐다는 것은 궁박한 변명이다. 번역출판권을 새로 샀던 출판사에서는 나의 법적 조치와 표절에 따른 저작권 침해 시비를 피해가기 위해 문장의 표현까지 다시 바꾸는 소동을 벌였다고 했다. 학문 세계에서나 출판 도의상 있어서는 안 되는 부끄러운 일이다.

나의 사연을 알게 된 한 지인은 공분(公憤)과 함께 설상가상(雪上加霜)의 경험담을 꺼냈다. 박사과정 시절 지도교수 등과 공저자로 교과서를 집필했고 전체 분량의 절반 이상의 집필을 담당했는데, 정착 출간된 책에는 자신의 이름이 빠져 있더라는 것이다. 그럼에도 한마디도 못 하고 속앓이만 했다는 얘기였다.

양심과 윤리가 우선돼야

사실 그동안 표절과 저작권 침해에 대한 비판과 지적은 많았지만 적용할 기준이나 규정이 명확하지 않은 탓에 분명한 판단은 쉽지 않았다. 그로 인해 어물쩍 넘어가거나 여론재판으로 피해를 입는 경우도 없지 않았다. 늦은 감은 있지만 정부에서 '연구윤리지침'을 개정하여 논문표절이나 저작권 침해, 부당한 논문저자 표시 등에 대한 기준을 구체적으로 마련한다고 하니 그나마 다행이다.

표절에 따른 저작권 침해 문제는 창작자의 법적 대응이나 사회적 처벌을 통해 일정 부분 보상받을 수 있다. 하지만 창작열의 저하나 국가 신뢰에 대한 부정적 이미지 등 우리 사회가 부담하는 비용에는 턱없이 모자란다. **양심과 윤리관의 정립이 저작권보다 우선돼야 할 이유이다.**

연구윤리지침

'연구윤리'는 윤리학에서 다루는 윤리 원칙들을 인문 · 사회 · 자연과학적 연구에 관련된 다양한 쟁점들에 적용하는 것이다. 연구논문의 위조, 불법복제와 같은 부정행위나 표절과 같은 부도덕한 행위 등이 여기에 해당된다.

이러한 쟁점들에 적용하는 정부지침으로는 지난 2007년 2월에 교육부가 마련한 '연구윤리 확보를 위한 지침'이 유일하다. 그동안 이 지침이 정부의 재정지원을 받은 연구개발이나 학술지원에만 적용되어 왔으며, 일반 학위논문 등에 대해서는 사실상 무용지물이었다. 대학이나 연구기관들에서는 자체적인 연구윤리 규정을 마련해서 학위논문의 표절이나 부정행위를 가려왔으나 그다지 적극적이지는 못했다. 그러한 배경이 우리 사회에서 연구논문 표절 등이 양산되는 결과를 초래하는 데 한몫했다고 본다.

미국 등 외국에서는 논문을 표절하는 행위를 매우 심각한 범죄로 간주되는 사회적 분위기이다. 외국의 저명학술지 등에서는 논문이 실리기 전에 여러 단계의 점검 프로세스를 통해 표절 등의 부정행위가 걸러진다. 사전에 걸러지지 않은 경우에도 사후 검증을 통해 표절 논문의 자격이나 관련된 학위를 박탈하는 경우가 종종 뉴스거리가 되기도 한다. [이 글의 일부 내용은 동아일보(2014년 9월 16일자 A33면) 칼럼에 "표절, 우리 사회 윤리관 무너뜨리는 도둑질"이라는 제목으로 게재되어 독자들과 함께했다.]

일본의 베토벤? 겐고 쇼이치

겐고 쇼이치는 청각장애를 극복하고 피아노 작곡가로 성공한 일본의 작곡가였다. 2011년 동일본(東北) 대지진 헌정곡 〈피아노 소나타 2번〉으로 '국민 작곡가', '일본의 베토벤'으로까지 칭송받기도 했다. 하지만 그가 작곡했던 곡이 무라이 혼고라는 무명작가의 것을 돈으로 샀다는 것이 알려지면서 희대의 사기꾼 반열에 오르게 된다.

〈피아노 소나타 2번〉의 작곡가인 무라이 혼고는 자신의 곡을 도용하여 발표한 겐고 쇼이치에게 진실 공개를 요구했지만 겐고 쇼이치는 이를 거부했고, 결국 무라이 혼고가 이를 폭로하면서 진실이 세상에 알려지게 된 것이다.

 셋

번역저작권 문제

어떤 책을 쓴 작가가 자신의 저작물에 대하여 배타적으로 부여받는 저작권과 마찬가지로 번역을 한 번역가도 자신의 번역물에 대한 배타적 권리를 보호받을 수 있는데, 이를 번역저작권이라고 한다. 번역저작권을 제2저작권이라고 하기도 한다.

공/감/문/답

'공정'과 '효율' 간의 선택

지난 2010년 EBS의 신년기획으로 방영된 샌델(Michael J. Sandel) 하버드대학 정치학과 교수의 '정의란 무엇인가'를 한 달 동안 시청했다. 매시간 마음을 울리는 도덕론 강의와 거침없이 던져지는 학생들의 질문에 적잖은 감동을 받았다. 고풍스러운 대학 강당에서의 초롱초롱한 수강생들의 눈길이 지금도 기억 속에 생생하다. 샌델 교수의 '정의란 무엇인가'에서도 우리 사회의 효율과 공평 간의 관계에 관한 내용들이 많았다.

성장을 추구하는 우리 사회는 필연적으로 경제적 효율을 강조하게 되는데, 그 이면의 공평성 내지 공정성에 기초하는 사회정의문제가 경시되거나 무시되는 경우도 없지 않다. 정의롭고 안전한 국가를 이야기하면서 효율과 공평 사이의 선택의 문제를 빼놓을 수 없는 것이다.

🎙️ 사회과학 이론뿐 아니라 정책적 사고에서 필수적으로 활용되는 중요한 개념에서 '효율'을 빼놓을 수 없다. 우선 효율의 의미를 설명해달라.

🎙️ 흔히 우리는 적은 비용으로 상품을 구입하여 만족을 높이는 경우를 현명한 소비행동이라는 의미로 '효율적 소비'라고 표현하곤 한다.

효율의 개념은 여러 관점이 있지만 일반적으로는 '최소비용으로 최대의 이익을 얻는 것' 또는 '최소한의 자원을 이용해 최대한의 만족을 얻는 것'으로 이해된다.

그런데 경제학에서는 약간 다른 형태로 효율의 의미를 정의하고 있다. 생산에 있어서의 효율성이란 말은 '어떤 제품(산출물)을 생산할 때 필요한 생산요소(투입물)를 더 이상 줄일 수 없는 상황'이거나 '주어진 생산요소로 더 많은 제품을 더 이상은 생산할 수 없는 상황' 자체를 의미한다.

한편으로, 소비의 효율성을 보면 '보다 적은 소득(돈)을 사용하여 목표하는 효용(만족)수준을 달성할 다른 방도가 없는 현재의 상황'이거나, '같은 지출(돈)로 더 높은 효용(만족)수준을 달성할 수 없는 상태'는 소비에 있어서의 효율성이 달성된 것으로 정의한다.

🎙️ 표현이 애매하게 들리기도 하지만 다시 찬찬히 음미해보니 이해가 될 것 같다. 유명한 경제학자인 아담 스미스(Adam Smith)는 '보이지 않는 손(invisible hand)'에 의해 사회적 효율이 달성된다고 말했다.

🎙️ 맞다. 경쟁시장에서는 소비자와 생산자가 각자의 이익을 위해 노력하는데, 그 결과 우리 사회에 가장 큰 부(wealth)로 귀결된다 하였다. 이는 시장에서 소비자와 생산자가 각각 효용극대화와 이윤극대화를 추구하며 결과적

으로 소비의 효율과 생산의 효율이 달성되어 마침내 사회 전체적인 효율이 달성된다는 의미이다.

🎙️ 효율을 설명하는 여러 의미 중에 '파레토 효율'이라는 말이 일반적인데 그 의미를 좀 자세히 설명해주길 바란다.

🎤 앞서 강조했듯이 효율에 대한 정의는 다양하다. 그중 대표적인 것이 '파레토 효율'과 '칼도힉스 효율'이다. 각각의 의미를 알기 쉽게 간단히 설명해보겠다.

다른 어떤 사람의 만족을 악화시키지 않고서는 적어도 한 사람의 만족을 높이기가 불가능한 상태를 '파레토 효율적이다'라고 한다. (다시 말해 그 상태가 최적의 상태라는 말이다.)

예를 들어보자. 어떤 시장에 영수와 영희라는 두 사람의 소비자와 우산과 빵이라는 두 개의 상품만이 존재한다고 하자. 처음에 영수가 우산을 갖고 영희가 빵을 갖게 되었다고 할 때 그 상태가 파레토 효율적인지 여부를 생각해보자. 상품을 재배분하는 경우는 영수가 우산과 빵을 모두 갖는 경우, 영희가 모두 갖는 경우, 그리고 영수가 빵을 영희는 우산을 갖는 경우가 있을 수 있다. 세 가지 경우 모두 영수나 영희 한쪽에서 조금이라도 불만을 가지게 된다면 효율적이지 못한 결과이다. 따라서 처음의 배분상태가 파레토 효율적이란 말이다.

🎙️ 그런 효율을 달성할 수 있는 방법은 불가능해 보인다. 아무리 좋은 정책을 펴더라도 일부의 국민은 손해를 보는 것이 현실인데……, 그렇다면 파레토 효율성은 유토피아적인 관점이 아닌가?

🎙 맞다. 그래서 현실에서의 공공정책에 적용할 수 있는 효율의 개념을 정의한 몇 가지 대안들이 있다.

우선, '파레토 개선'이라는 표현도 종종 사용되는데, 이는 하나의 자원배분 상태에서 다른 사람에게 손해가 가지 않게 하면서 최소한 한 사람 이상에게 이득을 가져다주는 것을 의미한다.

또 다른 개념은 칼도힉스의 효율 개념이다. 어떤 정책으로 어느 한쪽에 손해가 생기더라도 그로 인한 다른 쪽의 이익의 크기가 그 손해보다 크면 효율적이라고 판단하는 것이다. 칼도힉스 효율 개념을 잠재적 파레토 효율이라 부르기도 한다. 어떤 정책의 결과 발생된 손실을 이익 부분에서 모두 보상하고서도 (사회에 미치는) 이익이 크다는 의미이다.

💬 이제 효율과 종종 상충되는 공평 내지 형평의 문제를 이야기해보자. 효율을 중시하게 되면 결국 규제 없는 경제, 극단적으로는 자유방임(laissez-faire)으로 귀결된다. 하지만 현실에서 자유방임 체제는 '신화'에 불과한 것이 아닌가?

🎙 맞다. 현실에서 어떤 형태로든 정부의 규제가 없을 수 없다. 적어도 시장이 잘 작동되도록 하는 기본적 게임의 룰은 정부가 설정해주어야 하는 것이다.

💬 유토피아적인 자유방임의 경제에서조차 생기는 의문이 있다. 다름 아닌 '시장에서의 자원의 배분이 과연 공평한가?'의 문제이다. 우선 공평의 의미를 살펴보자.

🔊 '공평하다'라는 말과는 달리 '형평'이라는 말은 좀 어렵다. 사전에서는 '사회구성원들 사이에 경제적 후생이 사회통념상 불편부당하게 배분되는 것'을 말한다. 법적으로는 '동등한 자를 동등하게, 동등하지 않는 자를 동등하지 않게 취급하는 것'을 의미한다고 한다. (이 글에서는 '형평'보다는 일반적 표현인 '공평'으로 나타낸다.)

🎙 공평은 여건에 따라 여러 의미를 갖는다. 평등, 불편부당, 동등함, 정당한 권리의 보장, 받을 만한 자격, 소득배분, 지불능력 등의 의미로 해석되기도 한다. 이처럼 여러 뜻으로 해석되고 있어서 사실 그 의미를 한마디로 명쾌하게 이해하기는 쉬운 일이 아니다.

🔊 하지만 공평이라는 말이 재능의 공평, 과정의 공평, 결과의 공평 등 세 가지로 구분하는 경우를 봤다. 어떤 의미들인지 알고 싶다.

🎙 재능의 공평은 영어로는 equity of endowments라고 하는데, 말 그대로 한 사회에서 개인의 부나 자원의 원천적 배분을 의미한다. 상속받는 재산이나 개인적 재능에 차이가 없어야 이른바 천부적 공평성이 달성된다는 것이다.

이 관점은 그러나 현실에서는 적용되기 어렵다. 비록 개인의 노동력의 대가나 상속된 부의 재분배는 세금을 물려서라도 공평하게 할 수 있을지언정 개인의 IQ나 신체상태, 유전적 질병 등의 특성은 하나님이 아니고는 공평하게 할 방법이 없다.

개인의 천부적 공평성은 어떤 사람에게는 이익이 되는 반면, 또 어떤 사람에게는 불이익을 주는 '불공평'한 결과를 낳게 될 수도 있는 것이다.

🗨 들고 보니 말처럼 쉽게 주장할 수는 없어 보인다. 그렇다면 과정의 공평은 어떤 관점인가?

🎙 과정의 공평은 영어로 equity of process로 나타낸다. 모든 사람이 자신의 능력을 바탕으로 동등하게 경쟁하여 소득을 얻을 기회가 주어져야 한다는 의미이다.

재능의 공평과 과정의 공평을 구분할 때 흔히 사용하는 사례는 달리기 경주이다. 재능의 공평은 모든 경기자가 동일한 출발선에 서 있어야 한다는 관점인 반면, 과정의 공평은 공정한 게임의 조건, 동등한 거리, 규칙이 모든 경기자에게 제공됨을 의미한다.

🗨 현실에서는 과정의 공평조차 지켜지기 어려운 경우가 많아 보인다. 세계 여러 국가에서 소수민족들의 자녀들은 교육의 기회가 제한되거나 상대적으로 열악한 교육환경에 직면하게 되고 또 인종차별을 겪거나 사회진출에 어려움을 겪는 비율도 상대적으로 높은 것이 현실이다. 마지막으로 결과의 공평문제를 이야기해보자.

🎙 결과의 공평은 영어로 equity of outcomes라 하는데, '결과의 절대적 공평'을 판단의 기준으로 삼는다.

그런데 사실 꼼꼼히 살펴보면 결과의 공평이란 개념 자체에도 판단의 기준이 다를 수 있다. 공산주의 이념과 같이 '능력에 따라 생산하고 필요에 따라 배분'하는 것도 그 하나가 될 수 있을 것이며, '동일한 효용을 주는 결과'를 기준으로 삼을 수도 있을 것이다. 하지만 어떤 판단의 기준이든지 모두의 고개를 끄덕이게 하는 절대적 공감을 얻기에는 부족하다.

🗨️ 지금까지 살펴본 효율과 공평의 문제 사이에는 특히 소비자정책을 포함한 공공정책 과정에서 그 목표에서 서로 충돌하는 경우가 많아 보인다. 경우에 따라서는 불가피하게 양자택일을 해야 할 경우가 많을 것이다.

🎙️ 효율과 공평 간의 상충관계는 사회과학 학문에서뿐 아니라 오늘날의 공공정책의 추진과정에서 흔히 보게 된다. 경제적 효율을 높이는 정책들이 공평성을 훼손하는 경우도 있으며, 공평성 제고 차원에서 추진되는 많은 복지정책들이 효율성을 저하시키는 경우도 적지 않다.

사실 많은 정책들은 자원배분의 효율성과 사회구성원들의 공평성 제고 간의 상충관계에 부딪힌다. 앞서 얘기했듯이 공평성의 경우도 사회적으로 일치된 판단의 기준을 갖기 어렵다.

예컨대 의료 서비스는 기본적으로 시장의 '보이지 않는 손'에 맡길 경우 불완전한 정보와 불확실성으로 인해 공익성이 훼손되는 등 시장실패에 처할 위험이 매우 높아 국가가 직접 개입하는 분야이다. 하지만 의료 서비스의 공평의 가치를 지나치게 강조하여, 국가가 의료시장에 과도하게 개입할 경우 의료보장제도의 권위주의화, 관료주의화와 같은 정부실패가 발생해 효율을 떨어뜨릴 수 있다.

🗨️ 의료 서비스가 시장실패에 따른 공평성의 문제, 그리고 정부실패에 따른 효율성의 문제라는 딜레마에 놓이게 된다는 의미로 들린다. 그럼에도 불구하고 '효율과 공평의 문제를 동시에 달성하거나 개선할 수도 있지 않을까?'의 문제이다.

🎙️ 가능성이 없는 것은 아니다. 예컨대 2015년부터 시행하게 되는 환경문제

해결을 위한 '오염물질거래제'를 생각해보자. 이 제도는 비록 정부에 의해 '강제'로 시행되는 것이지만, 시장 지향적 정책이어서 사회적 비용을 절감하여 효율을 높이게 된다. 동시에 시민들의 건강을 위협하는 공해물질을 줄여줘 사회적 공평의 문제도 일정 부분 해결될 수 있다.

하지만 항상 그러한 긍정적 효과가 나타나는 것은 아니다. 수많은 정책, 특히 경제정책들은 효율성 위주로 진행되고 있는 것이 현실이며, 경우에 따라서는 공평성에 초점을 둔 정책 추진으로 인해 효율성의 추구가 지장을 받기도 한다. 어쩔 수 없이 효율과 공평 간에 선택을 할 수밖에 없는 경우가 적지 않은 것이다.

6/부

행복한 정책을
꿈꾸다

01
시위 떠난 화살:
가계부채

　　　　　　　　　　'제동장치 없는 폭주기관차', '우리 경제 시한폭탄',
'한국경제의 뇌관', '빚으로 굴러가는 나라', '시위 떠난 화살'……. 끊임없이 늘
어나는 가계부채문제를 빗댄 말들이다.

가계부채문제의 실상

　IMF와 카드대란, 금융위기를 거치면서 가계부채가 급속도로 늘어나 2015년
3월 말 기준으로 1,100조 원을 넘었다. 최근에는 단지 석 달 만에 15조 원이 늘
어났다고 한다. 우리나라 국민 한 사람당 2,100만 원의 빚을 지고 있는 셈이다.
이 같은 실상에 전문가들은 빛의 속도로 기록 행진 중인 가계대출의 규모보다도
그 구조를 더 걱정한다.
　한 연구소의 분석에 따르면 전체 가계부채 중 자영업자들이 차지하는 비중이

44% 정도여서 절반을 차지하는 임금근로자보다는 적지만, 자영업자 가구당 가계부채와 이자부담은 임금근로자의 두 배에 달한다고 한다. 세대별로는 베이비붐 세대 ✍ 하나의 부채규모가 상대적으로 크고 또 빠르게 증가하고 있다. 다른 자료에 따르면 지속적인 금리 하락에도 불구하고 40대와 50대의 가계대출과 그 이자부담이 꾸준히 늘고 있다. 이들은 우리나라 전체 가구의 절반을 차지하는 중추 세대인데, 현재의 부채규모를 줄이지 못하고 은퇴를 맞게 된다면 우리 사회가 직면할 충격이 엄청날 것이다.

가계부채는 만성병이면서 우리 경제의 최대 위험 요인이 된 지 오래다. 한마디로, 처분이 가능한 소득수준에 비해 가계의 빚이 너무 많고 줄어들 기미가 보이지 않는다. 설상가상인 점은 부채의 질이 여전히 좋지 않다는 것이다. 2014년 8월 말에 한국은행에서 발표한 통계에 보면 이자부담이 큰 비은행권 가계대출이 215조 원으로 큰 비중을 차지하고 있고 최근 3개월간 증가폭도 확대되고 있다.

미국을 비롯한 대부분의 선진국 가계에서는 지나친 빚을 줄여나가는 디레버리징(deleveraging) ✍ 를 을 하고 있는 데 반해 우리는 오히려 늘고 있다. 빚 갚기의 어려움 수준을 보여주는 개인의 가처분 소득에 대비한 가계부채의 비율은 지난 2009년에 이미 143% 수준으로, 2000년의 81%보다 크게 높아졌고, 미국(128%)과 일본(112%)보다도 높은 수준이다. 올해 말에는 160%에 달할 것이라는 전망도 있다.

신문이나 방송에는 가계빚이 늘어나 어려움을 겪는 국민들의 얘기가 자주 나온다. 나 역시 무리한 빚으로 원금과 이자 상환 부담에 몹시 힘든 상태이다. 수년 전 집을 사면서 빌린 담보대출금의 이자에 더해 3년의 거치기간이 끝남에 따라 매월 내야 하는 원금까지 상환해야 하기 때문이다. 월급을 받아 은행이자를 갚고 나면 자녀교육비 내기도 버거운 형편이다. 전형적인 하우스푸어의 고달픔이다. 근래 들어 금리가 낮아져 원리금 상환 부담이 다소나마 줄어들게 되어 그나마 다행이다.

서민금융 서비스에 관한 연구를 하면서 실제로 조사해보니 서민들은 고금리 대출 의존도가 높고 과잉·다중 채무에 시달리는 경우가 많았다. 소액 신용대출 이용 경험자를 대상으로 한 설문조사에서 5년간 5회 이상 빚을 낸 경우가 전체의 41.6%로 나타났다. 이런 다중채무자일수록 개인소득 대비 부채비율이 매우 높았다. 또한 절반이 넘는 경우가 높은 이자를 무는 사채를 쓰고 있었다.

미래 위험에 대처하기 위해서

문제는, 국제 금융위기 이후 수년간 지속되어 온 지금까지의 저금리 기조가 조만간 끝나고, 느리지만 전반적인 경기회복과 물가상승으로 인해 금리가 인상될 수 있다는 점이다.

실제로 미국 정부가 시중의 통화량을 확대해온 이른바 '양적완화 조치'의 종료를 선언했다. 물론 유로존의 유동성 확대와 거시경제 여건의 변화가 있을 수 있지만, 시기의 문제이지 미국의 금리 인상 조치는 불가피한 방향이다. 대미 의존도가 높은 우리나라의 통화정책과 금리 결정 방향도 이에 자유로울 수 없다. 물론 국내 경기가 점차 개선된다는 전제에서 말이다.

금리가 오르면 가계부채 부담이 배가된다. 여전히 변동금리 대출이 주류이고 일정기간 이자만 내는 대출이 일반적이어서 금리 상승기가 된다면 이자비용이 늘어날 수밖에 없다.

이자가 늘면 특히 상환 능력이 취약한 저소득 서민들의 부담이 더 커진다. 세금이나 보험료, 이자비용과 같은 '비소비지출' 비중이 상대적으로 큰 서민들은 씀씀이를 줄일 여지가 별로 없기 때문이다. 금리가 오른다면 서민들의 살림살이가 더 쪼들릴 수밖에 없는 것이다.

정부는 시위 떠난 화살이 될 수도 있는 가계부채문제의 심각성을 직시하고 현상에 대한 정확한 진단을 바탕으로 대책을 강구해야 한다.

부동산활성화 방안으로 완화된 LTV, DTI 규제와 금리 인하로 인해 부채규모가 더 커질 수밖에 없는 상황에서 가계부채 구조의 질적 개선이 급선무다. 특히 부동산 담보대출의 경우 금리 변동의 위험이 적은 고정금리 대출을 장려하고, 이자만 내는 거치기간을 줄이거나 없애 장기적으로 국가적 가계대출 쇼크를 줄여나가야 한다. 최근 정부에서 수십조 원 규모의 안심전환대출 정책을 편 것은 바람직한 대책이다. 급히 추진하다 보니 불거지고 있는 몇몇 부작용은 아쉽지만 개선해나가면 된다.

저신용자, 다중채무자 등과 같은 저소득 취약계층을 타깃으로 한 별도의 가계빚 대책도 시급히 마련해야 한다. 신임 금융 당국의 수장의 첫 행보가 가계부채에 대한 현장의 목소리와 전문가 의견을 수렴하기로 했다니 늦은 감이 있지만 다행이다. 경기회복이 예상되는 시점에 이르러서는 금리를 일정 부분 인상해 가계부채의 경각심을 줄 필요도 있다. 다만 그 시기와 속도를 가능한 늦추는 것이 좋을 것이다.

당사자인 금융회사의 역할도 무엇보다 중요하다. 신용카드보다는 직불카드나 체크카드 사용을 독려하고 일선창구에서의 가계대출의 유용성과 위험성에 대한 올바른 정보를 제공해야 한다.

금융소비자도 마찬가지이다. 무엇보다 **대출 시의 이자율이나 상환방법 결정 등의 거래행위는 소비자 스스로의 책임**인 점을 잊어서는 안 된다. [이 글의 주된 내용은 동아일보(2015년 4월 1일자) 독자와 함께했다. 일반 독자에게 가계 빚 문제

의 심각성을 알리려 편하게 쓴 글이었는데 동아일보에서 가감 없이 '특별기고'
로 실어준 것은 문제의 심각성을 공감했기 때문일 것이다.]

 하나

베이비붐 세대

'전후(戰後)세대'를 말하며 나라마다 연령대에 차이가 있다. 미국은 46년부터 64년 사이, 일본은 47년부터 49년까지 출생한 세대를 말한다. 반면에 우리나라는 55년에서 63년 사이에 태어나 현재 50대와 60대 초가 주류를 이루는 세대로서, 약 900만 명에 달한다.

베이비붐 세대는 6·25 동란 직후에 태어나 기근에 허덕여야 했으며, 사회생활은 무한 경쟁에 내몰렸던 혹독한 시련을 겪었다. 또한 충효와 장유유서를 앞세운 대가족사회에서 국가와 선배, 국가를 우선시하는 사고방식이 몸에 밴 반면에 급격한 핵가족화의 과정에서 신세대의 개인주의 사고방식과 갈등을 겪은, 이른바 '낀 세대'의 표상이다.

 둘

디레버리징(deleveraging)

디레버리징은 외부로부터의 차입을 늘려나가는 레버리징(leveraging)의 반대말로, (개인 이건 국가건 상관없이) 빌린 부채의 규모를 축소하고 예금을 최대한 늘리는 활동을 말한다. 한마디로 '빚 갚기'로 이해하면 무리가 없겠다.

참고로, 뉴스 등에서 레버리지 효과(leverage effect)라는 말을 종종 듣게 되는데, 이는 대출금이나 차입금 등 타인의 자본을 이용하여 자기 자본의 이익률을 높이는 일을 의미하며 '지렛대 효과'라고도 한다.

금융소비자 보호를 위해

금융사고 소비자문제

이번에야 말로 국가개조를 행동으로 옮기겠다고 대통령께서 담화를 통해 천명했다. 언론에서나 사회적 분위기에서나, 우리 사회의 뿌리 깊은 비정상적 병리현상을 정상화해야 한다는 공감대가 형성된 것 같다. 대형 사건사고들을 계기로 국가가 각종 안전시설에 대해 점검을 강화하고 국민들의 안전 불감증의 탈피를 계도하고 있다. 그럼에도 크고 작은 사고가 빈발하고 있는 것은, 압축성장과정의 불가피한 현상으로만 돌리기 힘든 반드시 치료되어야 할 우리 사회의 병폐이다.

예기치 못한 각종 사고(accidents)는 여객선의 침몰이나 건물의 붕괴에 한정되지 않는다. 동양증권의 회사채나 기업어음(CP)의 불완전판매로 수만 명 개인투자자들이 1조 원대가 넘는 금융피해를 당한 일도 커다란 사고인 것이다.

멀리 부산저축은행 사태까지 거슬러 가지 않더라도, 금융사고로 소비자가 피해를 입은 사례가 얼마든지 있다. 불과 몇 달 전, 대형카드사의 금융사고로 자그 마치 1억 4천만 건의 고객정보가 유출되었다. 그러한 대량 개인정보 유출로 2차 피해 우려가 일부 보이스피싱에 악용된 사실이 밝혀지는 등 현실이 되고 있는 것이다.

이러한 금융사고로 인한 소비자 피해문제는 1차적으로는 해당 금융회사나 관계자의 책임이지만, 고금리 위험자산에 투자하거나 개인정보 관리에 소홀한 일부 소비자의 책임도 있다. 더불어 감독 당국의 책임 소홀과 감독 체계상의 여러 문제도 원인을 제공했다. 무엇보다도 금융소비자 보호를 위한 금융감독 체계의 개편이 급선무라는 시각도 적지 않다.

금융감독 체계 하나 개편의 주된 쟁점 가운데 하나는 독립된 금융소비자 보호 기구의 신설을 포함한 금융소비자 보호 체계를 개선하는 문제이다. 정부에서도 수년 전부터 이를 반영한 가칭 '금융소비자보호원'을 신설하겠다는 의지를 보여왔으며, 2015년 6월 말 기준 7개의 관련 법안들이 국회에 상정되었지만 처리되지 않고 있다.

개선해야 할 사항들

그동안 전문가 토론회와 관계부처 협의, 국회의 입법절차 심사 등 수많은 의견 수렴과 갑론을박(甲論乙駁)이 있어 왔다. 금융정책과 금융감독 기능이 통합된 현행 체계의 분리문제와 금융분쟁조정기구의 독립화 등 여러 쟁점이 있었지만, 무엇보다도 소비자 보호를 위한 독립된 기구의 신설을 포함한 금융소비자 보호 체계의 개선문제가 핵심 쟁점이 되어 왔다.

지금은 제도의 안착이 중요한 시기이다. 기구설립이나 법안 내용에 대한 더 이상의 논의는 소모적 논쟁에 따른 비용증가만 초래할 것이다. 명분과 아전인수식 논리를 앞세운 주장들에 이끌려서는 정부의 금융감독 체계 선진화를 위한 노력의 결실도 맺지 못할뿐더러, 금융소비자 보호가 더 멀어질 것이다.

현재 국회에 발의되어 있는 강석훈 대표발의 법안에서와 같이, **금융소비자보호원을 금융감독원에서 완전히 분리해 금융소비자 보호 및 영업행위 감독 권한의 독립성을 부여**하는 것이 바람직하다.

이 문제는 2013년 3월 여야 가 정부조직 개편 협상 때 합의했던 사항이면서 대통령의 강력한 요청도 여러 차례 있었다. 따라서 조만간 어떤 형태이든 입법화가 추진될 것으로 기대된다. 다만, 그러한 사안을 담을 금융소비자보호원의 예산과 전문성 확보 및 운영 방안 등이 미정인 상태에서, 향후 제도의 안착을 위한 몇 가지 건설적인 방안을 제시해본다.

첫째, 현재의 금융감독원의 예산을 나눠 갖는 것으로 예정되어 있는 신설 금융소비자보호원의 예산을 독립시켜야 한다. 예산의 대부분이 감독대상인 금융회사들의 감독분담금으로부터 발생되는 현행 구조는 이른바 예산종속의 문제로부터 자유로울 수 없다. 금전적 지원을 해주는 금융회사들을 상대로 소비자 보호 기능을 수행하기에는 우리 정서상 매우 어렵다. 기금 등 자체운영수익금 마련방안과 함께 단계적으로 정부예산으로 대체해가는 방향이 바람직하다.

둘째, 금융소비자 보호의 문제는 다양한 업권별 상품에 관한 전문지식, 판매행위에 대한 경영지식, 표시·광고의 적절성, 사후적 피해구제, 법제분석, 금융소비자 교육과 정보제공, 소비자 상담 서비스 등 매우 다양한 분야의 전문성이 요구된다. 신설조직의 인적 구성을 현행 금융감독원의 2원적 분리·배치로는 이러한 전문성 니즈를 충족시킬 수 없다. 그렇지 않아도 사회 곳곳에 퇴적되어 있는 이른바 비전문가들의 무소양과 무능으로 인해 수많은 정부 전문기관들의 기능이 크게 위축되어 있는 현실이다. 신설될 금융소비자보호원에는 전적으로 각 분야의 전문 인력을 활용함으로써 신설조직 운영의 시행착오를 줄이거나 막을 수 있을 것이다.

셋째, 세계적으로도 정부 주도의 금융소비자 보호가 강화되는 추세이지만, 규제는 의외의 부작용을 초래하게 된다. 금융경제발전을 위한 규제도 예외일 수 없다. 금융소비자보호원의 안착과 함께 금융업계의 자율적 소비자 보호 조치들이 자리매김 되는 것이 장기적으로는 바람직하다. 더불어 유사한 기능을 가진 한국소비자원(의 금융소비자분쟁해결 기능)과 관련 민간단체 등과의 경쟁과 협력을 통해 신설기구의 서비스의 질과 운영의 효율성을 높일 수 있을 것이다. 또한 소비자후생의 증대를 가져올 수 있을 것이다.

금융소비자 보호의 문제는 수년 전부터 반복적으로 제기되어 온 쟁점이다. 특히 이 문제가 2011년 10월 G20 재무장관 · 중앙은행 총재 회의 정식 의제로 채택되는 등 글로벌 규범화된 이후로 금융감독 강화 기류가 탄력을 받고 있다. **이제는 금융제도의 패러다임을 금융기관 위주에서 금융소비자 중심으로 전환할 시기가 도래한 것이다.**

무방비로 노출된 국민의 개인정보 보안문제의 해결, 금융기관의 인사제도의 개선과 내부통제시스템과 모니터링 강화 등 다양한 개선방안이 있을 수 있지만, 현시점의 금융감독 체계 선진화를 위한 핵심 과제는 법제화와 제도의 안착이라고 생각된다.

더 이상 금융소비자 보호기구의 설립이나 법안 내용에 대한 소모적 논쟁은 지양하고, 정책 개선의 타이밍 확보를 통해 국가적 낭비를 억제해야 한다.

하나

우리나라 금융감독 체계

금융 분야는, 법률 서비스나 의료 서비스와 마찬가지로 거래 당사자 간 정보비대칭이 비교적 큰 전문 서비스 분야로서, 일반거래와 같이 시장 자율에 맡길 경우 불공정하거나 불건전한 거래에 따른 소비자 피해가 발생하는 등 이른바 시장실패(market failures)의 개연성이 상당히 높은 분야이다.

또한 금융회사는 일반(제조업이나 서비스 분야) 기업과는 달리 기업자본의 대부분이 고객이 맡긴 금융거래 위탁금이다. 따라서 시장자율에 의존할 경우에는 막대한 국민경제적 피해가 발생할 수 있다. 그러므로 전문 분야 맞춤형 감독을 할 필요가 있는 것이다.

현재의 금융감독 체계는 2007년 12월 대통령직인수위원회의 개편 골격을 그대로 유지하고 있다. 금융정책은 금융감독위원회와 (구)재정경제부의 국내 금융정책 기능을 통합해 금융위원회에서 담당하고 있으며, 국제 금융업무는 (구)재정경제부에서 기획재정부로 이관되었고, 통화신용정책은 한국은행이 담당하고 있다. 한편, 금융감독 기능은 건전성 규제, 행위 규제 및 소비자 보호 규제를 통합해 금융위원회의 감독정책 기능과 금융감독원의 감독집행 기능으로 2원화되어 있는 실정이다.

금융정책	금융감독
국내 금융: 금융위원회 국제 금융: 기획재정부 통화신용: 한국은행 (예금자보호: 예금보험공사)	감독정책: 금융위원회 감독집행: 금융감독원

[이 글은 동양사태로 재점화된 금융소비자 보호문제에 관한 기고문(조선일보, 2013년 8월 15일자 29면, '금융소비자보호원' 출발부터 예산 독립해야)과 연구결과물(「금융감독 체계를 둘러싼 주요 논점과 개선 방향」, 여의도연구원, 2013. 11.)을 참고해 집필한 것이다.]

03
소비자정책의
문제점 진단

        나라 경제 수준이 향상됨에 따라 국민의 권익 증진과 소비생활 향상을 위한 소비자정책의 중요성이 부각되고 있다. 소비자정책은 시장에서의 '경쟁정책'과 더불어 경제 발전과 국민의 후생증진을 위한 핵심 정책이다. 소비자정책의 강화는 국민의 권익 실현을 통한 복지증진과 직결되며, 나아가 기업과 국가의 경쟁력을 높이는 데에도 기여하게 된다.

  소비자정책이 소비자문제를 해결하고 궁극적으로 소비자의 복지를 증진시키기 위해 정부가 법과 제도 등을 통해 시장에 직간접적으로 개입하는 일련의 과정으로 이해한다면, 일반 국민의 생활(민생)문제도 넓은 의미의 소비자정책의 대상이 되며, 이러한 관점에서 소비자정책을 '국민생활정책'으로 부를 수 있을 것이다.

패러다임이 어떻게 바뀌어왔나?

1980년 1월에 소비자보호법이 제정되고 1987년 7월에는 한국소비자원이 설립되는 등 일련의 소비자(보호)정책과 행정이 80년대 초중반에 수립되었다. 하지만 그 이후에도 약 20년간은 우리나라 소비자정책의 기조가 소비자 중심이라고 보기는 어렵다. 산업정책의 부작용을 교정하거나 소비자 피해를 사후적으로 구제하는 이른바 '후견적 소비자보호정책'의 형태였던 것이다.

초기에는 경제기획원에서 해당 정책을 담당했으며, 1998년 이후에는 재정경제부(경제정책국, 소비자정책과)에서 총괄했다. 당시 최고 심의·의결기구인 소비자정책심의위원회가 운영되고 소비자보호법에 의해 특수공익법인으로 설립된 소비자원을 감독하는 형태였다. 당시 농림부, 보건복지부, 환경부, 공정거래위원회 등 타 중앙행정부처에서도 해당 분야 소비자정책 업무가 분산되어 수행되었다.

그러다가 2000년도 중반에 이르러서야 소비환경의 변화와 소비자정책 확대 요구 등 여러 국내외적인 여건 변화를 반영, 정책의 추진 체계가 대대적으로 개편되었다. 그때 기존의 '소비자 보호'에서 '소비자의 권익 증진과 소비생활의 향상'으로 방향을 전환하는 내용의 정책을 수립하게 되었다. 2006년 9월에 소비자보호법을 소비자기본법으로 대폭 개정했으며, 이듬해 한국소비자보호원의 명칭을 '한국소비자원'으로 변경하고 조직의 관할 등 국민생활 향상을 위한 소비자정책의 집행기능을 공정거래위원회로 이관했다. 또한 2008년 1월에는 소비자단체소송제도 🔖 하나와 집단분쟁조정제도 🔖 둘를 새로 도입했고, 2월에 정부조직을 개편하여 정책의 주관 추진 체계를 공정거래위원회로 이관하게 되었다.

그러한 개편 배경을 보면 거시경제를 담당하는 당시 재정경제부의 주된 임무와 소비자보호가 상충되며, 같은 부처 내에서 소비자정책의 위상이 매우 취약해졌다는 주장이 정부와 민간에서 제기되어 왔다. 또한 재정경제부, 공정거래위원회, 기타 부처 등 여러 중앙행정기관에 분산된 소비자행정을 하나의 부처로 통합 (일원화)함으로써 정책의 실효성이 제고될 것을 기대하는 분위기도 있었던 것 같다.

그러한 배경의 이면에는 정책 주관의 주도권을 두고 재정경제부와 공정거래 위원회 간 수년의 각축이 있어 왔었던 것으로 기억된다. 당시 공정거래위원회에 서는 경제력 집중에 관련권 기존 기능 위축의 대안으로 소비자정책 기능의 흡 수·확대를 추진해왔고, 산하기관이 전무한 상태에서 소비자원을 산하기관으로 두기 위한 강한 의지를 보였었다.

어쨌거나 2008년에 이명박 정부가 출범하면서 소비자정책의 추진 주체가 완 전히 공정거래위원회로 일원화되었다.

꼬여 있는 문제들

소비자정책의 추진 체제가 개편된 지 8년이 경과한 지금 시점에서 볼 때 일정 부분의 성과에도 불구하고, 기대했던 경쟁정책과의 통합에 따른 시너지 효과가 미약할 뿐 아니라 다양한 문제들이 불거지고 있다.

긍정적으로 볼 수 있는 부분부터 살펴보자.

거래적정화를 위한 분야에서는 '경쟁정책 차원의 불공정거래'와 '소비자정책 차원에서의 부당거래로 인한 소비자 피해' 관련 정책의 대상이 동일한 경우에는 양 정책 추진에서의 시너지 효과가 어느 정도는 나타나고 있는 것으로 보인다. 또한 공정거래위원회가 주도해 소비자단체, 소비자원, 그리고 광역지자체 소비 자상담센터를 통합해서 2010년 1월부터 시행해온 '1372소비상담센터' 운영 은 신속한 소비자 상담뿐 아니라, 소비자 피해구제와 예방 측면에서 일정 부분 성과를 보였다는 평가이다. 더불어 소비자 권익증진 기금 설치를 공정거래위원회에서 적극적으로 지원함으로써 민간 주도의 소비자 권익증진 운동 활성화도 기대해볼 만하다.

그럼에도 불구하고 재정경제부 대신 공정거래위원회가 총괄하게 되면서 우리 나라 소비자정책의 추진이 원활하지 못하게 되었다.

무엇보다도, 정부조직 체계에서의 위상 등의 문제로 관련 부처들과의 협조와 조정이 원활하지 못하다는 측면이 큰 문제점 중의 하나이다.

또한 산업별 정부조직상 부처·기관별 소비자정책 기능이 상당히 중복됨에 따라 여러 형태의 비효율문제가 야기되었고, 소비자(식품·제품) 안전, 자주적 역량 강화를 위한 소비자교육과 정보제공 등의 분야는 공정거래위원회의 본래적 기능과 상당한 괴리가 있는 실정이다. 특히 식품안전을 포함한 소비자안전문제에 관해서는 그 역할이 매우 미흡하다는 평가이다. 예컨대 소비자기본법상 소비자 안전을 위한 제 규정만으로는 관련 정책 수행에 상당한 제약이 뒤따른다는 전문 가들의 지적이 많다. 더불어 국가 소비자정책 심의·의결 자문기구인 소비자정 책위원회 운영 실적이 거의 없는 등 국가 차원의 종합적 소비자정책의 추진에 비효율과 한계를 보이고 있다.

당초 기대했던 경쟁정책과 소비자정책의 결합에 따른 시너지 효과가 미진하 다는 평가도 있고, 1987년 설립된 소비자정책 수행기관인 한국소비자원의 기능 이 상당 부분 제약받고 있으며, 식품안전과 같은 여러 분야에서 타 정부부처 기 능과 중복 수행됨으로써 발생되는 비효율도 상당하다. 결과적으로, 소비자정책 추진 체계가 바뀐 이후 8년이 경과한 현재 시점에서의 평가는 부정적인 경우가 월등히 우세하다.

소비자정책은 서민생활 관련 제반문제와 밀접한 관련이 있는데, 서민을 포함 한 국민 다수의 행복을 추구하는 정부정책 방향과도 같은 맥락이라고 볼 수 있다. 세월호 침몰사고를 계기로 국민의 재난 컨트롤타워가 시급하다는 인식 아래 '국민안전처'는 신설되었으나, 소비자안전을 포함한 국민생활(소비자)정책 추진 체계 개선의 필요성이 지속적으로 대두되어 왔음에도 불구하고 이에 대한 가시적 진전이 별로 없다.

미국이나 일본, 영국 등 선진국들에서의 소비자정책 추진 체계는 자국의 정치 · 경제 · 사회적 여건이 반영된 형태로 서로 다른 특징을 갖고 있다. 미국과 달리 일본과 영국은 정책의 기획 · 입안 · 집행을 통합한 형태이며, 소비자정책을 전담하는 기관을 두고 있다. 하지만 미국, 일본, 영국 모두 우리나라 공정거래위원회와 같은 경쟁정책과 소비자정책을 통괄하는 형태는 아니다.

일본은 지난 2009년부터 '소비자'라는 행위주체를 대상으로 하여 소비자정책을 국가의 최고정책으로 관련 행정조직을 운영하고 있는 실정이다. (일본의 소비자정책에 관해서는 이 책의 6부 "05 '생활자' 중심의 일본 소비자행정" 이야기에서 좀 더 살펴보고 있다.)

 하나 〰〰〰〰〰〰〰〰〰〰〰〰〰〰〰〰〰〰〰〰〰〰〰

소비자단체소송제도

소비과정에서 피해를 본 소비자들이 개별적으로는 기업을 상대로 소송을 제기하기 어려운 현실을 감안해 법에서 정한 소비자단체나 사업자단체 등이 50명 이상의 소비자 피해를 묶어 일괄적으로 소송을 제기할 수 있도록 하는 제도를 소비자단체소송제도라고 한다.

이 제도는 소비자기본법에 근거하고 있으며 2008년 1월부터 시행되고 있다. 소비자단체소송제도는 판결의 효력이 해당 제품의 판매금지나 불공정 약관 시정 등 기업의 위반행위 금지에만 미친다. 피해자에 대한 손해배상 규정은 없으며, 피해 입은 소비자가 보상을 받기 위해서는 별도의 민사소송을 제기해야 한다.

집단분쟁조정제도

다수의 소비자에게 같거나 비슷한 형태의 피해가 발생한 경우에 국가와 지자체, 한국소비자원, 소비자단체와 사업자 등이 피해 소비자를 대신해서 소비자분쟁조정위원회에 분쟁의 조정을 신청할 수 있도록 한 제도이다. 2007년에 개정된 소비자기본법에 따라 소액 다수의 소비자 피해를 신속히 구제하기 위해 소비자단체소송제도와 함께 도입됐다.

이 제도는 집단소송과 유사하기는 하지만 법원을 통한 해결보다는 분쟁조정위원회 등을 통해 자율적으로 분쟁을 해결하는 측면에서 다르다.

04
국민의 실생활을 위한
행정을 지향해야

바람직한 개선 방향

공정거래위원회로 일원화된 현재의 소비자정책 추진 체계의 틀은 앞에서 보듯이 상당한 문제들이 있다. 따라서 하루빨리 개편되는 것이 소비자뿐 아니라 국가를 위해서도 바람직하다.

개편을 하게 될 경우에 바람직한 방향을 생각해본다.

우선 국민에게 편의적인 정책 추진 체계 및 행정조직이어야 하며, 소비자의 실질적 후생증진 및 생활편의를 가져오는 체계여야 한다. 다양한 소비자문제에 대한 신속한 대응이 가능하고, 중복기능의 축소·배제 및 상호협력을 통한 효율성을 확보할 수 있는 체계여야 하며, 민간 부문의 진전에 부응하는 전문성이 확보될 수 있는 조직이어야 한다. 더불어서 민생문제가 포함된 광의의 소비자문제에 대응할 '국민생활정책'의 추진이 요망된다.

이러한 대원칙 내지 방향 아래 구체적인 몇 가지 개편 방안을 제시해본다. 우선 공정거래위원회에서 정책 등을 총괄하는 현행의 틀을 정부조직과 예산 여건상 개편하기 어려운 경우에는 최소한 소비자정책 심의·의결기구인 소비자정책위원회의 위상만이라도 국무총리 소속으로 격상시킴으로써 국가의 주요 정책의 하나인 소비자정책 운용상의 효율과 효과를 높일 수 있을 것이다.

현행의 틀을 개편한다는 전제에서는 두 가지 양자택일할 수 있는 방안이 있을 수 있다.

첫째, 이른바 대통령 또는 국무총리 소속의 독립 상설기구(합의제 행정기관) 형태로 가칭 국민생활위원회를 설치하는 방안이다. 학식과 전문성이 많은 장관급 정무직공무원을 위원장으로 하고, 정부와 민간의 전문가들로 위원을 구성하며, 효율적으로 위원회를 운영하고 지원하기 위한 독립된 사무기구를 두며, 산하에 국민생활의 향상과 소비자권익 옹호를 위한 가칭 국민생활원을 둔다. 이 부분은, 지금의 한국소비자원 조직을 '국민생활원'으로 전환하고, 위원회의 사무기구 임무를 수행토록 함으로써 예산의 낭비를 줄일 수 있을 것이다.

이러한 위원회 설치는 (타 방안들에 비해) 국가예산의 증액이 없어도 된다는 장점이 있다. 반면에, 합의제의 위상이 정부조직법상 중앙행정기관에 비해 취약할 수 있다는 문제점이 있으며, 해당 부처나 구성원의 반발도 피할 수 없을 것이다.

둘째, 소비자 행정과 정책을 총괄적으로 전담하는 독립 외청으로서 국무총리 산하에 가칭 국민생활청을 설치하는 방안이다. 이 방안은 현 공정거래위원회의 소비자정책 기능과 중앙행정기관의 관련 행정 중 필요한 부분을 선별하여 이관함으로써 일원화하는 방안인데, 일본의 '소비자청' 조직과 비슷한 형태라고 보면 된다. 국민생활청의 주요 업무로는, 소비자기본법에서 부여된 소비자정책 업무에 더하여 민생문제를 포함한 광의의 '국민생활정책' 업무를 직접적으로 책임 수행하는 것이다.

청의 설치를 위한 조치사항으로는, 소비자기본법의 개정 등 대폭적 법제의 정비가 요구되며, 각 해당 부처 관계법령들과 기존의 조직들을 재조정해야 한다. 물론 한국소비자원 조직의 상당 부분을 '국민생활청'에 활용토록 함으로써 예산의 소요를 줄일 수 있다. 하지만 구성원의 신분전환문제 등이 뒤따른다는 제약이 있다.

이 방안은 사실 일본의 소비자청 및 국민생활 지원기관인 국민생활센터의 기능을 벤치마킹한 것으로, 일본과 마찬가지로 상당한 국가 예산이 투입되어야 한다. 기능 재조정과 관련 부처들의 조직재편에 어려움이 예상되며 해당 부처 구성원의 반발도 피할 수 없을뿐더러 타 부처 소관 법령 이관에 따른 해당 부처의 반대도 만만찮을 것이다.

이러한 '독립 위원회 설치'와 '독립 외청 설치'의 두 대안 중 양자택일하는 개편 방안을 종합적으로 검토해서 실행에 옮길 때 현행 체계의 여러 문제가 해소될 수 있을 것이다. 정책 추진 체계의 개선에 따른 여러 행정 효율성 측면에서의 긍정적 효과도 기대된다. 더불어 소비자가 주역이 되는 국민 위주 행정으로의 패러다임이 전환됨으로써 시장거래상의 소비자 피해나 안전과 같은 전형적 소비자문제에 국한하지 않고, 서민생활의 애로에 관련된 이슈들을 '국민생활정책 추진 체계 개선' 문제로 수렴할 수 있게 될 것이다.

소비자정책과 국가비전

소비자정책은 일반 국민의 실생활에 파고드는 중요한 국가정책 비전이다. 전형적인 거래상의 소비자 피해뿐만 아니라, 최근의 여러 서민생활 애로 등 국민생활 이슈를 소비자정책 추진 체계의 개선을 통해 해결할 수 있을 것이다. 앞서 진단해보았듯이 현재의 소비자정책 추진 시스템에는 많은 문제점이 있으며, 따라서 적절한 방향으로의 개선이 시급하다.

소비자정책 내지 국민생활정책은 어느 한 부서의 업무에 그치는 것이 아니라 거의 모든 정부부처의 업무와 유기적으로 연결된 중요한 국가정책이라는 인식이 선행될 필요가 있다.

향후에 정책 추진 체계의 개편 등을 추진하게 될 경우에는 체계 전환의 실리와 명분을 분명히 하고, 관료조직 확대 우려에 대한 국민의 부정적 시각 등을 불식시킬 충분한 대처방안 마련이 선행될 필요가 있다. 그리고 소비자정책의 효율성과 효과를 높인다는 관점에서 보다 구체적으로 검토하고 적절한 방안들이 제시되어야 한다.

05
'생활자' 중심의
일본 소비자행정

후쿠다(福田)와 하토야마(鳩山), 간 나오토(菅直人), 노다(野田), 그리고 아베(阿部) 내각으로 이어지는 정치적 어려움에도 불구하고, 일본에서는 그동안 국민의 생활에 밀접한 중요한 정책의 변화가 조용히 진행되고 있다.

일본에서는 2000년대 중후반, 독성 농약이 함유된 중국산 만두나 곤약젤리, 그리고 결함 있는 가스순간온수기 등으로 여러 희생자가 생겨나고, 소비기한(우리나라의 '유통기한'에 해당) 위조 사건이나 국민연금자료의 증발 사건과 같은 소비자문제가 연이어 발생하자 소비자 행정을 개혁해야 한다는 목소리가 높아졌다. 이어 소비자정책의 사령탑 역할을 할 소비자청(消費者庁) 설치 법안이 2009년 4월의 중의원 통과에 이어 5월에 참의원 본회의에서 전원 일치로 통과됨으로써, 9월 초 소비자청이 세워졌다. 또한 내각의 소비자행정 전반을 감시하는 소비자위원회도 출범했다.

신설된 소비자청은 당초 계획했던 직원(공무원)은 별도로 채용하지 못한 대신,

내각부, 공정거래위원회, 경제산업성, 농림수산성, 후생노동성 등의 부처에 종사하던 200여 명의 소비자담당 공무원들을 함께 모아 구성했다. 기타 변호사, 소비생활상담원, 관계전문가(학자) 등을 별정직으로 순차적으로 채용해왔다.

이러한 소비자청은 지방 조직(소비생활센터)을 통해 접수되는 전국의 다양한 소비생활정보와 위해정보를 심층적으로 조사 · 분석하고, 사업자의 부당 · 위법행위에 대한 현장조사를 통해 필요한 행정처분을 하고 관계부처에 권고하는 기능을 수행하고 있다. 또한 소비자위원회의 초대 위원장으로 민간의 소비자보호 전문가인 히토쓰바시(一橋) 대학의 마츠모토 츠네오(松本恒雄) 교수 하나가 선임되기도 했다.

일본의 소비자청 설립 과정에는 여러 어려움이 따랐다. 2009년 5월 말 여당과 야당이 수정 · 합의한 결과 설립에 관련된 법안 3개가 모두 참의원에서 통과되어 가결되었지만, 설립 후 직접적인 업무 연계관계에 있는 지방자치단체들의 소비생활센터(消費生活センター)에서 근무하는 비정규 계약직 상담원들의 처우개선문제, 청의 업무수행을 감시할 목적으로 설치될 전문가 조직인 소비자위원회의 인선 문제 등이 해결되지 않은 상태였다. 또한 인선과 조직 구성 과정에서 관계부처 간의 알력과 저항이 매우 심했다. 이러한 일본 소비자청의 발족과 이어지는 정책들은 우리나라의 정책과 소비자 행정에 시사하는 점이 적지 않다.

역사적으로 볼 때 우리나라는 소비자기본법의 도입이나 전담기구(한국소비자원)의 설립 등 소비자정책과 행정에 있어서 상당 부분을 일본으로부터 배워온 측면이 많았다. 그러던 것이 2000년대 들어와서는 일본을 앞서가는 분야도 나타났는데, 일본은 소비자청 설립 등 자국의 정책 추진 과정에서 우리나라의 선진 면모에 경각심을 가지거나 일부 정책을 벤치마킹한 측면도 없지 않다.

일본의 소비자청 설립은 2007년 말 당시 여당인 자민당과 후쿠다(福田) 내각의 지도력 회복을 위한 정치적 목적에서 비롯된 측면이 강했다. 그동안 수상의 사임과 여당의 잇따른 실책으로 기구 설립 자체가 거의 불가능한 상황까지 갔었지만, 우여곡절 끝에 소비자청의 발족이라는 결실을 얻은 것이다. 논의가 시작될 즈음만 해도 일본의 정책 관계자들 간에는 "한국의 소비자정책으로부터 배우자"라는 기류가 적지 않았지만, 이제 "국민을 위한 행정과 정책에 관한 한 일본이 세계를 선도하자"라는 분위기가 역력하다.

우리의 경우 이러한 일본의 최근 소비자정책과 행정의 향방을 주의 깊게 살펴볼 필요가 있다. 특히 일본의 소비자청과 국민생활증진을 위한 독립기관인 국민생활센터 와의 기능과 역할분담 그리고 상호협력 체계, 그리고 양 기관의 기능 통합에 관한 최근의 움직임을 주시해야 할 것이다. 덧붙여 **이러한 일본의 정책변화가 국민의 안심·안전과 삶의 질 향상에 어떠한 영향을 미치고 있는지 타산지석(他山之石)으로 삼을 필요가 있다.**

일본은 요즘 또 다른 변화를 모색하고 있다. '소비자와 생활자의 시점(視點)에서서 행정을 전환하자'라는 슬로건을 내걸고, 새로운 소비자행정 조직을 구상하고 있다. 소비자행정을 소비자청 중심으로 일원화하자는 것이 그것이다. 그동안 우여곡절 끝에 여러 어려움에도 불구하고 소비자청이라는 독립된 전담 행정기관을 만들었다. 하지만 기존의 국민생활센터(NCAC)와 지방의 소비자보호 조직들과의 연계와 협력이 충분하지 않고 부분적으로 업무가 중복되는 등 문제점들이 계속 지적되어 왔다. 그러한 문제점들을 해소하기 위해 논의를 거듭해왔고, 국민생활센터의 기능을 소비자청으로 단계적으로 이관하기로 잠정 결정했다. 그렇게 되면 일본의 소비자정책은 소비자청 중심으로 일원화되어 추진될 것으로 보인다.

일본은 이러한 조직의 통합 논의 과정에서도 서로 인내를 갖고 몇 해를 걸쳐

단계적으로 문제점들을 해소해가는 것이 인상적이다. 무엇보다도 그러한 과정의 중심에 '소비자'가 있다는 점이다. 소비자가 편리하고 이해하기 쉬운 행정, 그리고 소비자나 생활자가 주역이 되는 정책을 위해 끊임없이 해법을 추구해 왔다. 국민생활정책 추진 체계의 개편이 요구되는 우라나라에 시사하는 점이 적지 않다.

 하나 ～～～～～～～～～～～～～～～～～～～～～～～～

마쓰모토 츠네오(松本恒雄) 교수

수십 년간 일본의 소비자법과 제도를 가르치고 연구해온 마쓰모토 교수는 일본에서뿐 아니라 국제적으로도 잘 알려진 소비자문제 전문가이다. 지금은 일본국민생활센터의 이 사장직을 맡고 있다.

나도 마쓰모토 교수와 적지 않은 인연이 있다. 히토쓰바시(一橋) 대학 법학연구과의 객원연구원 시절 나를 후원해준 지도교수였고, 선생의 대학원수업과 ゼミ (세미나식 수업)에 참여하면서 논문지도를 받았다.

 둘 ～～～～～～～～～～～～～～～～～～～～～～～～

일본국민생활센터(国民生活センター)

일본국민생활센터는 우리나라의 한국소비자원과 비슷한 성격의 정부기관이다. 전국의 소비생활센터들과 연계하여 소비자상담과 피해구제 정보, 소비자 위해정보들을 수집해 분석하고 제공하는 역할을 하고 있다. 또한 상품테스트와 교육 연수 업무도 수행하며, 신설된 소비자청과 연계하여 정책을 추진하는 기능도 갖고 있다. [자세한 사항은 센터의 홈페이지에서 확인해볼 수 있다(www.kokusen.go.jp).]

공/감/문/답

경쟁정책이 소비자후생에 미치는 효과

이 땅의 소비자를 행복하게 하기 위한 정책과 행정은 종류도 많고 분야도 다양하다. 앞서 금융소비자를 위한 정책과 안락한 주거를 위한 주택정책, 환경오염으로부터 안전하기 위한 정책들을 살펴보았다. 그리고 소비자정책 그 자체의 문제에 관해서도 일별하였다. 하지만 이들은 빙산의 일각에 불과하다.

이번 공/감/문/답에서는 이른바 '경쟁정책'을 논제거리로 삼아보려 한다. 소비자를 위한, 즉 소비자의 후생을 높이기 위한 대표적인 정책은, '소비자정책'이다. 하지만 그에 못지않게 소비생활에 영향을 미치는 정책이 바로 '경쟁정책'이다. 경쟁적인 시장 여건을 유지하거나 촉진하여 바람직한 경제성과를 얻기 위한 **경쟁정책의 궁극적인 목적은 다름 아닌 소비자후생의 증진**인 것이다. 여기서는 경쟁정책과 소비자후생에 관한 몇몇 논제를 공/감/문/답으로 풀어나가도록 하겠다.

🎙️ 우리가 그동안 배워왔던 시장경제는 이른바 경쟁적 시장이 바탕이 되어 적어도 효율성의 측면에서는 매우 우수한 제도이다. 하지만 현실의 시장은 경쟁적이지도 못하고 거래 당사자 간 정보도 대칭적이지 못한 경우가 많다고 들었다.

🎙️ 맞다. 시장의 내부에 효율적이지 못한 자원의 배분을 가져오게 하는 외부효과, 공공재와 같은 수많은 원인들이 도사리고 있다. 그로 인해 이른바 시장실패(market failure)가 나타난다. 그래서 정부가 일정 부분 역할을 담당해야 할 당위성이 있으며, 소비자후생정책이나 경쟁정책과 같은 형태로 시장에 개입하게 되는 것이다.

하지만 정부도 완벽할 수 없으며, 정부가 교과서적인 제 역할을 하지 못함으로써 비롯되는 이른바 정부실패(government failure)가 발생한다. 소비자 선택의 문제를 포함해 경제문제의 원활한 해소를 위해서는 시장기능과 정부기능의 장점들을 조화시켜 활용할 필요가 있는 것이다.

🎙️ 우리는 흔히 소비자문제를 시장에서 소비자와 기업 간 거래관계에서 발생하는 여러 문제로 알고 있다. 하지만 경제적 관점에서는 좀 다른 측면을 강조한다고 들었다.

🎙️ 그렇다. 소비자문제는 기업과의 거래에서 소비자라는 경제주체가 갖는 특성, 예컨대 정보의 부족, 전문성의 부족, 흩어진 다수의 목소리 등으로 인한 권리의 자력행사의 어려움 등등으로 인해 발생하는 제반문제이다. 경제학적인 관점에서는, 앞서 언급한 '시장의 실패'를 소비자문제의 주된 원인으로 보고 있다. 경쟁적이지 못한 산업, 공해와 같은 외부효과, 공공

재적 특성의 재화나 서비스, 거래 당사자 간 정보비대칭 등으로 인한 시장의 실패가 각종 소비자문제를 야기하는 원인임을 이 책의 1부에서도 강조했었다.

🗨 그렇다면 그러한 관점에서 소비자문제의 해결 방향도 다를 것 같은데? 어떤 정책이 중요할까?

🎙 경제학 기초이론서에 소개된 여러 시장실패의 교정수단을 활용하는 것이다. 다시 말해 독과점의 폐단, 공해, 비대칭 소비자정보 등의 존재로 시장경제가 효율적인 자원배분기능을 제대로 하지 못할 때 적절한 공공규제와 적절한 정보제공을 통하여 시장실패의 문제를 해결하는 것이 바로 소비자문제를 해소하는 지름길이다. 개별 피해를 구제해주는 것만이 궁극적인 소비자문제의 해결은 결코 아닌 것이다.

그중에서도 무엇보다 경쟁을 가로막는 기업들의 담합이나 우월적 지위의 남용과 같은 여러 부당하고 불공정한 거래행위를 억제하는 이른바 '경쟁정책들'이 시장의 실패를 최소화함으로써 소비자문제를 해결할 수 있는 바람직한 방향이다.

🗨 나름대로 요약하자면, '소비자정책은 바람직한 경쟁정책을 통해 시장의 실패를 줄이거나 해소하여 소비자의 주권을 행사할 수 있는 시장 환경을 조성하고, 소비자의 합리적 선택을 방해하는 요인들을 없앰으로써 소비자의 후생을 높여나가는 방향으로 추진되어야 한다'로 말할 수 있겠다. 다음에는 경쟁정책의 이모저모를 일별해본 후에, 경쟁정책과 소비자후생 간의 관계에 관해 이야기해보았으면 한다.

경쟁정책이란?

🙋 먼저 경쟁정책이 뭔지, 소비자후생과는 어떻게 연결되는지 알기 쉽게 설명해주었으면 한다.

🎤 시장에서 기업들 간의 경쟁을 유지하고, 경쟁을 가로막는 행위들을 규제함으로써 자원이 효율적으로 배분되도록 하는 것을 목적으로 하는 정책을 말한다.

경쟁정책의 목적은, 공정거래법 제1조에 나타나 있는데 경쟁정책을 폄으로써 바람직한 경제성과를 실현하며, '소비자를 보호'하고 '국민경제의 균형발전을 도모'하기 위한 것이다. 대부분의 학자는 이러한 경쟁정책의 궁극적 목적을 '소비자후생의 증대'에 두고 있다.

🙋 경쟁정책도 다른 정책들과 마찬가지로 기초가 되는 법이나 제도가 있을 텐데.

🎤 맞다. 경쟁을 촉진하기 위해 만든 각종 법, 이른바 경쟁법이 기초가 된다. 우리나라의 경우 공정거래법이 대표적인 경쟁법이다.

세계적으로도 많은 나라가 경쟁법을 도입하고 있다. 불과 15년 전까지만 해도 미국과 EU 등을 포함해 세계 20여 개국에 불과했으나, 2015년 7월 기준 약 110여 개국이 경쟁법을 도입하고 있다. 세계 각국의 경쟁법은 그 역사적 배경에 따라 다소 차이가 있지만, 시장에서 경쟁을 추구하고자 하는 궁극적인 목적인 경쟁의 보호와 촉진이라는 공통의 목적을 갖고 있다. 우리나라도 마찬가지이다.

경쟁정책과 소비자정책: 차이점과 시너지 효과

🎙️ 정책의 궁극적인 목적이 '소비자후생의 증대'에 있다는 점에서 경쟁정책과 소비자정책은 공통점이 있다는 점을 이해할 수 있겠다. 두 정책 간의 관련성과 차이점을 좀 더 알아보자.

🎙️ 경쟁정책은 시장에서의 대기업의 횡포로부터 중소기업을 보호하고 각종 불공정한 거래행태를 규제하는 등의 수단을 통해, 기업의 경쟁력과 경제 효율성 및 소비자후생을 증진하고자 하는 정책이다. 소비자정책 역시 각종 소비자권익 옹호를 위한 수단들을 통해 시장에서의 소비자후생의 증진이 궁극적인 목표이다.

이처럼 양 정책의 궁극적 목적이 소비자후생을 높인다는 측면에서는 같지만 접근하는 수단과 방법에는 분명한 차이가 있다.

경쟁정책은 주로 공급 측면을 중시한다. 시장에서의 경쟁을 통해 소비자의 선택의 폭을 넓히며 낮은 가격의 상품을 선택할 수 있도록 함으로써 소비자의 만족을 높이게 된다. 반면에 소비자정책은 수요 측면이 강조된다. 예를 들자면, 기업과 소비자 간의 정보비대칭문제를 해소함으로써 소비자들이 효율적이고 지혜롭게 선택할 수 있도록 해주는 것이다.

🎙️ 두 정책 사이에는 앞서 소개한 접근방식 이외에도 다른 차이점이 있을 수 있을 것 같다.

🎙️ 소비자정책은 경쟁정책에 비해 매우 다양한 형태를 띤다. 경쟁정책은 공정거래위원회와 같은 하나의 정책 당국에서 정책의 입안과 집행이 수행되는 데 비해 소비자정책은 소비자안전의 확보, 부당한 거래에 대한 제재,

소비자 피해에 대한 적절한 보상, 교육과 홍보 등 여러 분야에 다양한 정책이 필요하고 이를 수행하는 정부부처와 기관도 매우 많다.

두 정책 간에는 정책을 집행하는 수단에도 차이가 있다. 경쟁정책에 관련된 각종 법령과 규칙을 위반한 반경쟁행위에 대해 정책 당국은 벌금을 부과하거나 금지 조치를 취하는 등 비교적 일반적인 대응을 한다. 반면에 소비자정책 당국은 보다 상세하고 다양한 목표에 적합한 대응수단들을 찾아 다양하고 특수한 형태로 대응한다.

🗨️ 그러한 차이점이 있지만 두 정책은 서로 보완적인 측면이 많지 않나? 예를 들어, 경쟁적인 시장의 경우 소비자정책의 목표에 부합하는 방향으로 기업들이 행동하도록 하는 경우가 많은 것 같다. 동시에 소비자들의 시장에서의 올바른 선택은 기업들로 하여금 경쟁적 환경을 제공토록 하는 역할을 하게 되는 것이 아닌가?

🎙️ 그런 의미에서 두 정책 간의 시너지 효과가 중요하다고 생각된다. 변화무쌍한 시장에서 양 정책이 함께 추진됨으로써 서로 시너지 효과를 발휘하여 경제발전과 소비자후생 증대에 장점으로 작용할 수 있는 것이다. 그렇다고 서로 전문화되어 있는 두 정책의 추진기관을 외형적으로 통합하거나 기능을 일원화한다고 해서 그러한 시너지 효과가 커지는 것은 아니다. 중요한 점은 국가 차원의 정책 추진 메커니즘이다.

소비자후생을 위한 경쟁정책

🗨️ 기업들의 경쟁을 촉진하는 정책에는 여러 형태가 있다. 이른바 담합과 카

르텔로 불리는 부당한 공동행위, 진입저지전략, 시장집중, 기업결합(M&A)행위, 덤핑행위, 지적재산권 침해행위, 하도급거래에서의 이른바 '갑질'행태(우월적 지위 남용), 재판매가격 유지행위 등에 대응하는 정책들이다. 이러한 경쟁정책들이 어떻게 소비자후생에 영향을 미치는가?

🎙 말씀하신 모든 경쟁정책은 궁극적으로 소비자후생의 증진에 기여하게 된다. 대표적인 불공정행태인 담합행위 📄 하나의 경우를 예로 들어보자. 기업들의 여러 형태의 담합행위는 결국 시장의 독점을 조장하여 이른바 시장 지배적 지위를 갖게 된다. 그 결과 기업들의 독점 이윤은 늘어나는 반면에, 시장에서 소비자들은 경쟁인 경우에 비해 구매폭도 좁아지고 더 비싼 가격에 구매할 수밖에 없으므로 결과적으로 소비자의 합리적인 선택을 제한하거나 소비자 이익을 침해하게 된다. 그뿐만 아니다. 소비자의 경제생활에 큰 영향을 미치는 생활물가 품목의 가격담합은 기업이윤의 창출을 위해 서민경제를 위협하는 비윤리적 행위일 뿐 아니라, 이른바 '장바구니물가' 📄 를 끌어올리는 주된 요인이 된다.

더군다나 가격 올리기 등의 행위를 할 것을 기업들끼리 직접적으로 합의하는 형태인 명시적 담합의 경우 현행 공정거래법을 위반한 일종의 사회적 범죄행위로 판단될 가능성이 있다. 사회적 범죄는 그 유형을 불문하고 국민의 생활을 위태롭게 하며 소비자의 실질소득을 감소시키는 효과를 초래하게 된다.

❓ 기업들의 담합행위가 소비자의 후생을 나쁘게 하는지 알 수 있게 되었다. 그래서 경쟁정책이 필요한 것이라는 생각이 든다. 그렇다면 담합과 같은 기업들의 부당한 행위에 어떤 경쟁정책을 집행하게 되나?

🎙 앞서 소개한 경쟁법을 통해 가능하다. 우리나라 공정거래법에서도 당연히 부당한 공동행위를 금지하고 있다. 우리가 종종 뉴스를 통해 알 수 있듯이 정부에서는 기업들의 부당한 담합행위, 카르텔행위를 적발하고 공정거래법을 통해 과징금을 물리거나 형사고발하는 등의 제재를 하고 있다.

❓ 지금까지 '행복한 정책'을 마무리하는 의미에서 '경쟁정책과 소비자후생'이라는 테마로 공/감/문/답을 진행했다. 더 많은 내용을 나누고 싶었지만 지면 제약으로 여기서 마감한다. 담합뿐 아니라 더 많은 기업들의 시장행태에 관련된 경쟁정책에 관해 배우고 또 소비자후생에 미치는 효과에 관해 알아볼 기회가 있기를 기대하면서 공/감/문/답을 마무리한다.

 하나 〰〰〰〰〰〰〰〰〰〰〰〰〰〰〰〰〰〰〰〰〰〰〰

담합과 카르텔

담합은 영어로 collusion이라고 하는데, 사업자 집단의 부당한 공동행위의 일종이다. 공정거래법에서는 담합을 '사업자가 상호 간의 경쟁을 회피하기 위해 다른 사업자와 공동으로 가격을 결정하거나 인상하기도 하고, 시장을 분할하기도 하며, 출고를 조절하는 등의 내용으로 합의하여 부당하게 경쟁을 제한하는 행위'로 명시하고 있다.

담합행위는 기업 간의 경쟁을 제한함으로써 실제로 경쟁이 활발한 경우보다 가격을 높은 수준으로 유지하거나 인상시켜 경쟁 기업에 불이익을 줄 뿐 아니라 결과적으로 소비자에게 그 부담을 전가하게 된다.

담합과 함께 또는 유사한 의미로 사용되는 용어로 카르텔(cartel)이 있다. 카르텔은 시장에서의 경쟁을 제한하거나 완화를 목적으로 행해지는 동종 또는 유사산업 분야의 경쟁 기업들 간의 공식적인 '협정(agreement)'을 의미하며, '기업연합' 또는 '기업결합'이라고도 한다. 카르텔은 기업들 간의 카르텔 협정에 의하여 성립되며 각 협정기업은 협정에 의하여 일부 활동을 제약받지만 법률적 독립성은 유지된다.

카르텔의 어원에도 흥미 있는 사항이 있다. 독일어인 Kartell은 중세시대에 '교전국가 간의 휴전 문서'를 의미했다고 한다. 전쟁의 와중에서 서로 적대적 관계에 있지만, 일정한 비적대적 관계를 예외적으로 맺기 위해 군대의 지휘관 간에 체결된 특별한 약정을 카르텔이라고 불렀다. 카르텔 약정에는 휴전을 포함한 교전자 간의 공식통신이나 포로교환 등에 관한 조건이나 절차 등이 포함되었다고 한다.

기업들 간의 카르텔은 대체적으로 담합의 방법을 통해 형성된다. 다시 말해 기업이 카르텔을 형성하고 그에 따른 이익을 실현하는 주된 수단이 바로 담합행위인 것이다.

 둘

장바구니물가

흔히 말하는 장바구니물가의 공식 명칭은 '생활물가'이다. 소비자들의 체감물가를 설명하기 위해 구입 빈도와 지출 비중이 비교적 높아 가격변동을 민감하게 느끼는 142개 품목만으로 작성한 소비자물가지표를 생활물가지수라고 하며, 2015년 현재 481개 품목으로 산정되는 소비자물가지수의 보조지표로서 통계청에 의해 작성되어 제공되고 있다.

생활물가지수는 소비자들이 장바구니를 들고 시장에 갔을 때 느끼는 물가, 즉 장바구니물가를 반영한다고 해서 '장바구니물가지수'라고도 부른다.

세계적인 불황 속에 소비자물가지수가 계속 하락하고 있다. 지난 2년간 물가상승률이 1%대로 떨어졌다는 뉴스가 있었지만, 정작 소비자들이 체감하는 장바구니물가는 그렇지 않다. 왜 그럴까? 아마도 481개 물가지수 대상품목들 중에서 식품과 같은 생필품 가격에서 느끼는 체감물가가 소비자에게는 더 피부에 와 닿기 때문일 것이다.

에필로그
당신이 소비자라면

새로운 일터인 여의도연구원에서도 소비자문제가 중요한 일거리였다. 하루가 멀다고 쏟아지는 생활경제문제들, 민생과 서민대책, 경제현안과 정책과제…….
달라진 건 지향하는 타깃이 '소비자의 만족'에서 '국민의 행복'으로 잠시 옮겨진 것뿐이었다.

지난 몇 해 동안 한 표의 참정권을 가진 다양한 유권자들을 만족시키기 위한 정책 발굴 작업을 수행했다. 수십 건의 경제현안들에 대해 숨 가쁘게 고민하고 검토하고 분석했다. 짧은 시간에 아이디어를 선점해야 하는 고비 때마다 20여 년간의 소비자경제와 소비자정책 연구의 배경이 든든한 버팀목이 되어주었다. 이 책 속의 이야기들은 그러한 과정에서 모여진 생각의 흐름들을 소비자의 시선 (視線)에서 응축시킨 소중한 결정체들이다.

프롤로그에 소개했듯이 이 책은 『소비자의 시선으로 시장경제를 바라보다』(2011)와 『세상을 바꿀 행복한 소비자』(2012)의 후속편이다. 세 번째 소비자 시리즈 인 셈이다.

지난 이태 동안 준비한 손끝의 온기가 남아 있는 글들이 중심이지만, 구성상 의 조화를 맞추려고 전편에서 몇몇 내용도 다듬어서 포함시켰다. 독자와의 효과적인 공감을 위해 심플한 생활수필(essays) 형식을 취하되 꼭 필요한 지식이나 전문적인 경제용어는 토(tips)를 달아두었다.

대한민국의 소비자들에게 귀띔해주고 싶은 말이 있다. **행복한 소비자가 되기 위해서는 불만족한 상황을 바꿔야 한다. 그러기 위해서는 경제생활의 주체가 되기 위해 불가피하게 야무지게 대처할 필요도 있는 것이다.** 그 점을 강조하기 위해 이번 책의 타이틀을 '당신이 소비자라면'으로, 부제를 '야무진 소비자라면 알아야 할 시장경제 지침서'로 정했다. 불만족을 만족으로 바꿀 야무진 힘을 가진 소비자는 행복해질 수 있다.

이 책이 세상에 빛을 보기까지는 출판사의 아끼지 않은 수고가 있었다. 출판사의 시류(時流)를 간파한 감각으로 책의 타이틀이 낙점되었고, 이야기 제목들과 책 속의 표현들에도 세련미가 덧입혀졌다. 자신의 글과 스타일에 익숙한 미천한 저자는 그저 감사할 따름이다.

저자는 앞으로도 대한민국 소비자의 일원으로 더 넓은 세상에서 건강한 경제와 안전한 국가, 그리고 공정한 사회를 만들기 위해, 그 초석이 되는 국가정책을 개발하는 역할을 다하려고 한다. 풍자적인 즐거움이나 촌철살인(寸鐵殺人)의 전문지식은 전하지 못하더라도 **책 속의 손때 묻은 경험담과 에피소드가 소비자의 권리회복과 건강한 시장경제, 안전한 국가와 공정한 사회를 위한 작은 토양이 되었으면 한다.**